L'Abbaye de Bon Repos

Naissance et Renaissance

Conception graphique et mis en page :
Ton Doubl • 56160 Langoëlan

ISBN 2-913953-20-4

Editions des montagnes Noires (Keltia Graphic éditions) • 56110 Gourin

–

Imprimé en Bretagne par Keltia Graphic • 29540 Spézet

–

Dépôt légal : 2e trimestre 2001

Charles Floquet
Gilles Rihouay

L'Abbaye de Bon Repos

Naissance et Renaissance

Association des Compagnons de l'Abbaye de Bon Repos
Editions des montagnes Noires

Situation géographique

Lorsque l'on suit la route nationale 164, qui traverse la Bretagne centrale d'est en ouest, après avoir – aussitôt après Mûr-de-Bretagne – admiré le lac de Guerlédan, on rencontre, cinq kilomètres avant Gouarec, à gauche, la route départementale 15A qui mène à Sainte-Brigitte. Sur cette route, quelques centaines de mètres après avoir quitté la bruyante N. 164, on rencontre, au bord du Blavet, un véritable havre de quiétude.

C'est là que sommeillent les vestiges de l'abbaye de Bon-Repos, à un kilomètre à l'est du confluent du Daoulas (le ruisseau de la mort) avec le Blavet, et sur la rive gauche de cette rivière, en face de la forêt de Quénécan, sur le territoire de la commune de Saint-Gelven, et à proximité du château, de l'étang et des Forges des Salles, en Perret, à l'extrémité ouest de l'ancien duché de Rohan.

La Révolution a séparé les ruines du reste de l'ancien fief en les plaçant dans le département des Côtes-d'Armor, mais à quelques centaines de mètres seulement de la limite du Morbihan.

Noce devant l'abbaye au début du XXe siècle.

La fondation

En 1098, saint Robert, moine bénédictin qui suit les coutumes de Cluny, fonde l'ordre de Cîteaux. En 1119, l'abbé Etienne écrit, pour les moines cisterciens, une « charte de charité ». Elle impose la pauvreté complète, même dans la pratique du culte divin, interdit les études profanes, recommande la soumission aux évêques et organise le règlement de l'ordre.

Ce règlement est très rigoureux. Il préconise l'austérité dans la vie, et régit le vêtement (grisâtre, puis blanc par dévotion à la Vierge), la liturgie, le décor de l'église, du cloître, des bâtiments réguliers : ni peintures, ni sculptures, ni vitraux ou pavements de couleur; rien qui puisse distraire l'attention des moines. Pas de clocher de pierre sur l'église, car le moine est un pénitent qui se cache au fond d'un vallon retiré, loin de toute agglomération humaine, et les populations ne sont pas admises aux offices, réservés aux seuls religieux.

Le succès de l'ordre est foudroyant et, dès 1153, il compte 343 abbayes, dont les membres s'adonnent surtout à la culture.

C'est pourquoi, en 1184, désirant développer la production des terres de son fief (très appauvries depuis les invasions normandes) le vicomte Alain III de Rohan décide de s'adresser aux Cisterciens pour y établir un nouveau monastère à vocation agricole.

La réputation de la compétence de ceux-ci a en effet dépassé les frontières du territoire qui sera un jour la France. Leurs qualités de défricheurs, de laboureurs, d'éleveurs sont partout reconnues. N'ont-ils pas récemment défriché 2500 hectares à Bégard?

Le vicomte fait appel à eux, dès le début de l'année, et son appel est entendu puisque, le 28 avril, un abbé nommé

Lucas et douze moines quittent l'abbaye de Savigny (maison fille de Clairvaux depuis 1147, située dans l'ancien diocèse d'Avranches, primitivement monastère bénédictin fondé en 1012 par Raoul de Fougères) pour rejoindre la Bretagne et Bon-Repos. La Chronique de Savigny est formelle sur ce point :

Le vicomte de Rohan, Alain, du consentement de Constance de Bretagne et de ses enfants, Alain et Guillaume, voulant fonder une abbaye de l'ordre de Cîteaux dans l'évêché de Cornouaille, s'adresse à l'abbé de Savigny pour avoir des religieux dans sa maison. Le 11e des calendes de mai de l'an 1184, du temps de Dom Simon qui en était abbé, une communauté fut envoyée pour habiter l'abbaye de Bon-Repos qui ne fut néanmoins en état que le 23 juin suivant, comme il paraît dans le titre de fondation.

Le lieu choisi est « le plus frais, le plus calme, le plus ombreux, le plus mystique » que l'on puisse rêver. L'abbaye s'appellera : Sanctae Mariae de Bona Requie, Sainte-Marie de Bon-Repos.

Dans une enquête de 1479, Jean de Rostrenen donne une raison toute différente de ce choix et fait un plaisant récit de cette fondation :

Un vicomte, étant à la chasse en la forêt de Quénéguen, travailla fort à poursuivre un grand cerf, lequel s'enfuit jusques à la rivière de Blavet en laquelle l'animal se mit et illec fut pris et tiré hors; et ce fait, ledit vicomte, se sentant lassé et travaillé à ladite poursuite, s'endormit au lieu où est située à présent l'abbaye et, prenant son repos, en son dormir lui vint en vision qu'il fonda illec une abbaye... étant après qu'il fut réveillé, fit illec édifier ladite abbaye et voulut qu'elle fût appelée l'abbaye de Bon-Repos pour ce qu'il s'y était bien reposé et prit grand plaisir en cette vision et songe.

Le vicomte fondateur ayant désigné le monastère pour « y avoir sa sépulture, son fils Alain également », on peut penser que c'est plus certainement de ce désir qu'est venu le nom de « Bon-Repos ».

Les moines arrivés sur place, l'acte de fondation est en effet signé le 23 juin. La « donation, concession et décision sont faites en l'an 1184 depuis l'Incarnation de Notre-Seigneur, la veille de la fête de Saint-Jean-Baptiste » en présence de « Dom Pierre, abbé de Clairvaux; Dom Simon, abbé de Savigny; Rodolphe, seigneur de Fougères » et de nombreux témoins.

Alain III de Rohan et sa femme Constance de Bretagne-Penthièvre, sœur du duc Conan IV, y font donation aux religieux de six « villae » (domaine rural qui correspond, soit à un village, soit à une métairie) qui s'étendent depuis « l'église de Saint-Julien en montant jusqu'aux Croix de Troguenant (Treguenanton ou Tregnanton) et de là en descendant jusqu'au cours d'eau appelé Blavet », et de deux autres fermes « près de Kenestevo ». Les moines disposent aussi du « bois vert » et du « bois mort et sec » dans la forêt de Quénécan, dans laquelle ils obtiennent le droit de mettre leurs porcs « sans droit de pacage ». Le vicomte donne aussi « aux moines précités le cours d'eau du Blavet, les deux rives, à travers tout son domaine de Gouarec à Troguenant pour qu'ils puissent y faire des viviers, des écluses et des moulins », ainsi que « la colline de Corlay et tout ce qui s'y rattache », plus « en Angleterre dans l'évêché d'Eliens, l'église de Foleborne avec toutes ses dépendances ». Les religieux reçoivent « pour le luminaire, pour qu'il brûle nuit et jour devant l'autel, deux mesures de blé par an à remettre dans les moulins de Pontivy ». Enfin, comme il faut de l'argent, le vicomte cède ses droits sur les dîmes de Pusselian, Merellac et Saint-Jare.

Et Alain III ajoute : *Je veux, je commande et je décide fermement que les moines précités, les frères convers, leurs serviteurs et tout ce qui les touche aient à travers toute ma terre une paix assurée, une totale liberté, sans avoir à verser d'impôt, de droit de routage et de pontage.*

A. Raizon du Cleuziou nous a donné la raison probable qui a décidé Alain III à s'adresser de préférence aux moines de Savigny : *Ce furent les moines de Savigny qui transformèrent Alain le Noir, comte de Richmond, né en Angleterre, et gendre du duc de Bretagne, Conan III, dont il épousa la fille Berthe. D'un homme violent ils firent un homme pieux et juste. De ce mariage naquit une fille, Constance, qui épousa Alain de Rohan.*

Le premier abbé de Bon-Repos est donc Lucas (Luc de Ponchardon). Présent et signataire de l'acte de fondation, il prend possession des premiers bâtiments nouvellement édifiés – probablement par le vicomte de Rohan – avec une communauté complète, « conventus », c'est-à-dire douze moines, nombre exigé pour toute fondation par les traditions de l'ordre.

Il préside aux premiers pas de l'abbaye, située au bord du Blavet, dans un endroit où le sol s'aplanit et forme un plateau qui est bientôt fertilisé par les patients travaux des moines.

« En face de cette petite oasis, sur l'autre rive du Blavet, s'élève brusquement une montagne ardue... couverte de bois de sa base à son sommet... Ce rideau de cent cinquante pieds de hauteur, qui borne ainsi à quelques toises l'horizon des reclus de Bon-Repos, est pour eux un perpétuel avertissement de leur renoncement au monde, et leur rappelle à chaque instant l'inflexibilité de la règle qui les oblige désormais à vivre et à mourir dans ce lieu de volontaire exil qu'ils ont choisi pour séjour. Cette solitude, car c'en est une... a du moins le charme d'une nature agreste et imposante dans sa grandeur. Le Blavet, qui vient pour ainsi dire, laver le pied des murailles du monastère et border ses frais ombrages, et au delà de son lit, cette haute et abrupte montagne boisée, dont le revers se rattache à l'immense forêt de Quénécan, sont bien propres à entretenir dans l'âme des religieux le double sentiment de la méditation et de la contemplation. Autour du couvent, de vastes jardins, des vergers abondants pourvoient aux nécessités matérielles de leur existence... qui s'écoule... parfaitement exempte des troubles, des douleurs et des passions du monde. »

Dès le 31 octobre 1184, une bulle du pape Lucius III, adressée à Simon, abbé de Savigny, cite Bon-Repos parmi les abbayes issues de Savigny.

L'année même de la fondation et les années qui suivent, Alain III augmente ses donations d'une manière importante et significative. La nouvelle maison cistercienne reçoit de ses mains quatre églises situées en Angleterre, avec tous les droits et dignités y afférentes : Costeseia, Bamburg, Huningeham et la moitié de Bereford – tandis que le duc Geoffroi et son épouse, la duchesse Constance, confirment la fondation de l'abbaye et lui garantissent la possession de tous ses biens.

Lucas a aussitôt mis les moines au travail : défrichage, culture et élevage de chevaux, mais aussi exploitation des ressources naturelles du lieu : fer, ardoises, etc. Cependant son autorité est de courte durée, car il est mort depuis quelque temps lorsque disparaît – en 1195 – le vicomte Alain de Rohan.

Conformément à son vœu, celui-ci est inhumé à Bon-Repos et c'est Gauthier, successeur de Lucas, qui préside aux funérailles. L'abbaye va d'ailleurs devenir le « Saint-Denis » de la famille de Rohan. De 1195 à 1516, tous les vicomtes (treize au total) seront enterrés dans l'église abbatiale ainsi, parfois, que leurs épouses et leurs proches.

Alain IV succède à son père à la tête de la vicomté et il confirme aussitôt – avec le consentement de son épouse Mabille et de ses fils – l'abbaye dans toutes ses possessions.

Fenêtre de l'abbaye d'origine.

L’essor

Grâce à de nombreuses donations, et aussi au travail acharné des moines, l’abbaye connaît un essor considérable à partir du XIIIe siècle.

Parallèlement, les Cisterciens oublient un peu leurs règles strictes et leurs installations s’agrémentent, tandis que leurs moeurs se relâchent insensiblement.

A Bon-Repos l’abondance arrive d’ailleurs rapidement car, durant tout le siècle, le monastère bénéficie d’un nombre impressionnant de libéralités, provenant de la famille de Rohan, de divers prélats, de nobles gens et même de simples fidèles.

En 1204, Alain IV de Rohan donne sa forêt de Caurel, ainsi que dix quartiers de froment sur les dîmes de Noyal, à percevoir chaque année « par la main de ses baillis ». Il accorde aussi aux moines le droit de foire, avant de disparaître le 27 octobre 1205 et d’être inhumé à Bon-Repos.

Son fils et héritier, Geoffroi, n’est qu’un jeune enfant, et c’est son oncle, Josselin, qui gère ses affaires.

Peu après, le 6 décembre 1207, une bulle du pape Innocent III confirme l’abbaye dans tous ses biens.

Vers 1210/1211, Raoul de La Motte donne trois dîmes et six deniers d’argent de rente sur le marché de Dinan et sur sa terre de Guoguerlerf – à charge aux moines « de chanter tous les jours une messe à Sainte-Marie ».

C’est Richard qui dirige le monastère lorsqu’en 1212 la première église abbatiale est consacrée. A l’occasion de la dédicace de l’édifice, Geoffroi de Rohan double la rente sur les dîmes de Noyal.

L’année suivante, Guillaume remplace Richard et c’est lui qui signe une donation de l’église de Fundraitone, en Angleterre, consentie par Bon-Repos à l’abbaye Saint-Serge d’Angers. C’est également en 1213 que Héloïse de Rohan offre un quartier de froment sur sa dîme de Queloya, et que

Josselin, tuteur de Geoffroi de Rohan, confirme en son nom tous les biens de l'abbaye.

Les donations se poursuivent en 1215. Jean de Caurel « engage sa part de la seigneurie de Caurel et de la chapellenie de Sceleseac et la moitié de sa pension annuelle jusqu'à l'équivalent de 20 à 30 livres de Guingamp » et offre « annuellement une cape ou une tunique ». Amauri de Montfort et Hermine sa femme, donnent « les revenus de dix pièces de terre ferme, pour le salut de leur âme, et la mémoire de leurs ancêtres et de leurs successeurs ».

En 1216, Geoffroi, vicomte de Rohan, maintenant majeur et marié, confirme – en son nom et celui de son épouse Marguerite de Bretagne – tous les biens de Bon-Repos et offre quatre quartiers de froment sur sa dîme de Malguénac.

En 1217, on relève diverses donations faites par Henri d'Avaugour et Audren, fils de Udéon – tandis qu'un autre Audren, fils de Eudes, accorde aux religieux un droit de pêche dans la rivière de Daoulas.

Les Cisterciens s'agrandissent également par des achats de terre, dès 1217 : deux tenues en Laniscat cette année-là et une terre à Geoffroi Le Borgne l'année suivante. Leurs moyens financiers leur permettent également de prêter la somme – considérable pour l'époque – de 200 livres à Audren, fils de Birsic (avec en gage quatre « villae », qui resteront finalement acquises à l'abbaye en 1222.)

Mais, avec la prospérité vient « l'esprit de contention, de controverse et de dispute ». De nombreux procès vont s'ensuivre.

Quelques années après sa donation faite à l'occasion de la consécration de l'église abbatiale, Josselin de Rohan avait cessé de régler la rente promise sur les dîmes de Noyal. Excommunié, il revient à de meilleurs sentiments et – en 1219 – il confirme sa volonté de tenir dorénavant sa promesse de donner chaque année aux moines 20 quartiers de froment sur cette dîme. En conséquence « il est innocenté et absous ».

Les largesses ne cessent pas. Geoffroi de Rohan donne « cent sous de rente monnaie annuelle sur ses moulins, coutumes et marchés de Corlay », et exempte à perpétuité les moines de « l'impôt du quarantième sur le vin ». L'acte est signé « dans la salle capitulaire des moines le dimanche des Rameaux (31 mars) l'an de l'Incarnation du Seigneur 1219 » (1220 N.S.) – tandis que Constance du Pont fonde une messe à l'abbaye qui vient, d'autre part, d'entrer en « possession de la terre de Kaerfaven ».

A ce moment, une contestation – dont l'objet n'est pas connu – oppose Bon-Repos à Boquen. Le différend est soumis au Chapitre Général de l'ordre en 1221.

Le 15 septembre 1221, le vicomte Geoffroi de Rohan (qui n'a environ que 25 ans) meurt et est inhumé à Bon-Repos (dans l'église abbatiale). L'abbé est alors un nommé Geoffroi et, presqu'aussitôt, Olivier, nouveau vicomte de Rohan, le confirme dans les biens du couvent.

En 1223, c'est au tour du Chevalier Eudon de Réguiny de donner « à l'abbaye de Bon-Repos et aux moines qui y servent Dieu » plusieurs quartiers de froment sur sa dîme de Loudéac. Au même moment, un « familier » du vicomte Olivier offre également plusieurs quartiers de froment, « mesure de Castel-Noec ».

L'année suivante, le pape Honorius III doit intervenir « pour garantir les franchises de l'abbaye et défendre, sous peine d'excommunication, de lever coutumes et péages sur les hommes et les produits de l'abbaye ».

En 1225, le vicomte Olivier décide de rejoindre la croisade contre les Albigeois (prêchée dès 1208 par Innocent III). Avant de rejoindre Amaury de Montfort et les « barons du Nord », il rédige une donation, dont il confie l'exécution aux évêques de Vannes et de Quimper. Par cet acte, il cède à l'abbaye un droit de pâturage dans sa forêt de Quénécan pour les chevaux, les brebis et tous les animaux servant à l'entretien du monastère, « autorisant le pacage comme pour ses propres animaux » – les dîmes des moulins de Corlay – et sa part sur les chevaux sauvages qu'il élève avec son frère Alain. « Le cadeau est d'importance. Les chevaux sauvages pullulent alors dans la forêt, et chaque année, des battues mouvementées permettent d'en capturer quelques-uns. Les moines vont croiser les bidettes du pays avec les magnifiques étalons arabes, offerts au Vicomte de Rohan, au début du XIIIe siècle, par le Soudan d'Egypte, et de cette conjonction sortiront bientôt les merveilleux chevaux de Corlay... »

Rentré en Bretagne, Olivier de Rohan meurt le 29 octobre 1228 et est inhumé à Bon-Repos. C'est son frère cadet, Alain, qui prend la tête de la Vicomté.

Et le monastère continue à être richement doté. En l'an de grâce 1229, c'est Henri d'Avaugour et Marguerite, son épouse, qui approuvent l'acte de Gervaise de Dinan, veuve du vicomte Geoffroi de Rohan, par lequel celle-ci « concède en pure et perpétuelle aumône... la totalité de son pâturage de Myniac et deux capes pour les statues de l'abbaye ». En 1230, Alain de Moréac donne une rente de 20 sous sur les revenus de ses moulins d'Octel « pour alimenter une lampe à huile brûlant devant le maître-autel ». « La veille de la Saint-Mathieu apôtre » (20 septembre) de la même année, Catherine, fille d'Alain de Rohan, donne « pour le salut de son âme et pour le salut de l'âme de sa fille, trois quartiers de froment pour le pain et le vin d'une messe célébrée perpétuellement... pris sur ses moulins de Roederou ». En 1232, on relève deux autres donations : par Eudon de Malestroit (30 sous de rente à perpétuité) et par le duc de Bretagne Pierre Mauclerc et le vicomte Alain de Rohan (10 livres sterling annuellement sur les revenus de Costeseia).

1232 est également l'année de la disparition du vicomte de Rohan, qui est inhumé à l'abbaye. C'est son fils, Alain VI, qui devient le huitième vicomte.

En 1234, Bon-Repos reçoit une donation de Cadoc, évêque de Vannes et le titre patrimonial des dîmes de Silfiac.

L'année suivante, les moines sont particulièrement comblés de bienfaits. Catherine de Rohan leur donne « ses moulins de Roederou, avec toutes leurs machines et leurs accessoires, un journal de terre proche de ces moulins, toute sa terre du village de Sulian et un pâturage, afin qu'ils disposent du pain et du vin nécessaires aux messes qui seront célébrées à perpétuité à l'abbaye » et pour « couvrir les frais du luminaire aux messes susdites ». Mahaut de Montfort, épouse de Josselin de Rohan, leur concède « dix parts de terre dont les revenus serviront à la pitance des moines et leur seront versés annuellement le jour de la Conception de la Vierge Marie (25 mars) – tandis que le 20 avril, les prévôts de Plussulien « abandonnent aux religieux, en pure aumône, les droits auxquels ils prétendent ».

Cependant un différend oppose l'abbaye au roi Henri III d'Angleterre au sujet du patronage de l'église de Honningham.

En 1240, l'abbaye consent plusieurs prêts d'argent aux seigneurs qui partent vers la Palestine pour tenter de libérer le tombeau du Christ. Et « il arrive souvent que le croisé ne revienne pas, que ses héritiers soient incapables de s'acquitter. Très légitimement le prêteur réalise son gage, dont s'enrichit le patrimoine abbatial ». C'est le même genre d'affaire qui se passe en 1245 pour Olivier de Caurel.

D'autre part, les donations sont toujours aussi nombreuses. En juin 1248, Bon-Repos reçoit d'Olivier, sénéchal de Rohan, « un quartier de fleur de farine de froment sur sa dîme de Penquoët Manhou; une provision de froment sur la tenue de Gautemer près de Greuel; une part de froment sur les terres de Seselin et Robace au village de Greuel; une moitié des repousses sur la tenue d'Eudon Grevel; une part de froment sur la tenue de Geoffroi Albi au village d'Aufant; une part de froment sur la tenue du fils de Silvestre, au village de Lefent. »

C'est à qui sera le plus généreux. En 1249, Josselin de Rohan porte à 35 quartiers les revenus de l'abbaye sur les dîmes de Noyal; 5 quartiers sur ses dîmes de Porchumec, de Leschendin, de Leinaban, de Guetrous et sur une partie de l'hôpital de Noyal : « la possession du presbytère de Noyal, situé au bourg de Noyal, avec ses fontaines, ses jardins potagers et ses appartenances, ses terres bien entendu, même hors du bourg » – et cela pour que « l'abbaye accueille sa sépulture après sa mort » et « afin d'édifier dans l'abbaye une chapelle ». Alain d'Avaugour concède, lui, deux « hébergements » au village de Myniac. Enfin, le 19 septembre, Eudon de Quénécan offre « une mesure rase de Châteuneuf de Quintin de fleur de froment, chaque année, à l'occasion de la fête de Saint- Michel, pour le salut de son âme et celui de sa mère Julienne ».

En mars 1250, c'est Aliénor de Porhoët qui donne un quartant de froment sur les moulins de Corlay « pour servir à la confection des hosties » de l'abbaye, alors dirigée par Dom Rivallon.

En novembre 1251, Robert de Beaumer, seigneur de Guémené-Guégant, donne « la totalité des terres qu'il possède à Saint-Selan, dans la paroisse de Silfiac ».

En janvier 1252, Villaine de Rohan, dame de La Roche-Jagu, offre « un quartier de terre de Guinebourg ou de Saint-Martin ».

Le 9 janvier 1255, Alain, sénéchal, fils de Fraval, donne « deux mesures de Châteauneuf de Quintin de pur froment ».

En février 1260, Catherine de Rohan offre un quartier de froment.

En 1263, Adelice de Lescoët « donne et concède, avec l'accord de sa soeur Hazevite et de son époux, l'écuyer Jean de Monteville, tout ce qu'elle possède en terre, prés, étangs, bois et autres droits au village de Humblot ». Elle récidive en mai 1270 et confirme la donation de Marguerite de Rohan, d'un lieu « sur la terre de Rozerou où les moines ont fait construire un moulin à vent ».

L'opulence

Grâce à toutes ces libéralités, les possessions de Bon-Repos s'étendent bientôt sur 27 paroisses et trèves, dont : Pontivy, Gouarec, Corlay, Ploerdut, Cléguérec, Neulliac, Malguénac, Guern, Melrand et Noyal – lorsque, le 11 août 1287, Alain VI de Rohan confirme au Père Rivallon les biens de son abbaye.

Cependant, peu après, les moines contestent à la famille de Rohan son droit de suzeraineté. En 1288, le Vicomte doit donc les contraindre à l'obéissance féodale : Les abbés et prieurs d'icelle Vicomté sont obéissants au jugement de la cour dudit seigneur de tout fait réel, et leurs proches de tout fait réel et personnel ». L'abbé Rivallon rend alors aveu à Alain VI. Les difficultés subsistent pourtant, car l'aisance a développé l'esprit d'indépendance des religieux, qui acceptent difficilement la vassalité du Vicomte de Rohan.

Malgré ces problèmes, au XIVe siècle, les donateurs et les Sires de Rohan ne se montrent pas moins généreux que leurs devanciers.

Le 17 octobre 1301, Thibaud de Moréac offre dix parts de froment sur ses terres de Malguénac.

Après 72 ans de gestion de la Vicomté, Alain VI meurt juste avant le Carême de l'an 1305, à l'âge de 74 ans. Il est inhumé à Bon-Repos au cours d'une cérémonie présidée par l'Abbé Aufrai. Josselin, son troisième fils, lui succède, mais meurt à son tour peu après, (probablement au début de 1307), et est inhumé à Bon- Repos. Son frère, Olivier II, devient alors Vicomte de Rohan.

En 1312, une sentence arbitrale rendue entre l'abbaye et le vicaire de Merléac, reconnaît à Bon-Repos les novales de cette paroisse (dîmes dûes sur les terres nouvellement cultivées).

En 1323, Olivier de Rohan assure au monastère 60 sous de rente sur Plussulien, à charge de faire célébrer trois messes par semaine pour le repos de son âme, mais aussi pour doter l'église d'un grand vitrail.

Le Vicomte Olivier meurt en 1326 et est inhumé à Bon-Repos, où Aufrai est toujours Abbé, et Alain VII lui succède. Puis celui-ci est tué au combat de Mauron, le 14 août 1352, et son corps est transporté a Bon-Repos pour y reposer près de ceux de ses ancêtres. Comme ses prédécesseurs, il n'a pas oublié 1'abbaye dans son testament.

Son héritier, Jean Ier, décide, le 2 mai 1373, d'édifier dans l'église abbatiale « un nouvel autel en l'honneur de Jésus-Christ notre Sauveur et de la benoîte Vierge Marie, sa mère, pour dire deux messes chaque jour (« une messe de Requiem à note et une messe de Notre-Dame et benoîte Vierge ») pour l'âme d'honorable et puissante Dame défunte, que Dieu absolve, Dame Jeanne, naguère Vicomtesse de Rohan et Dame de Léon, qui fut femme compagne dudit Vicomte » – et, pour ce faire, il fait don de « 100 livres de rente en la Vicomté de Rohan et au terroir de Léon, et sur ses fermes de Pontivy » (dîmes de Noyal, de Talcouët-Noyal, de Guern, de Malguénac, de Cléguérec, de Neulliac, etc.). D'autre part, il demande aux moines d'ouvrir une école dans la riche paroisse de Noyal et d'y assurer « l'instruction des enfants ».

Le Père Abbé s'oblige, le 28 août 1381, à dire une messe hebdomadaire du Saint- Esprit pour le duc Jean IV le Conquérant, qui accorde pour cela quatre tonneaux de vin de La Rochelle et 500 merlus.

Malgré cette longue énumération, la liste des donations matérielles faites à l'abbaye durant ses deux premiers siècles d'existence est très loin d'avoir été citée ici complètement. De très nombreux actes ont été volontairement omis, d'autres ne sont pas parvenus jusqu'à nous...

Les responsables de l'abbaye ont toujours accepté tout ce qu'on leur a offert en échange de leurs prières. Cette avalanche de biens – et aussi le travail agricole des moines – assure désormais à la Maison l'aisance matérielle, et même un peu plus. Le bilan est positif et cette extrémité de la Cornouaille connait alors la prospérité.

Pour une raison inconnue les moines ont reconstruit – au cours de ce XIVe siècle – une grande partie de l'église abbatiale, et leurs abbés sont devenus de véritables seigneurs féodaux, qui siègent aux Etats de Bretagne.

La contestation

Cependant, dès ce moment, l'abondance des biens temporels et le relâchement de la morale religieuse font déchoir l'abbaye du rang élevé qu'elle occupait à sa fondation. « Petit à petit les religieux cherchent à se soustraire aux obligations de leur règle et à la surveillance des ordinaires ». Le Supérieur Général de l'ordre, Nicolas, abbé de Cîteaux et de l'Aumône, procède alors à la réforme de l'abbaye, « le mercredi après Pâques de l'en 1387 ». Ainsi rappelés à leurs devoirs les moines reviennent aux règles de Saint-Benoît, sous la surveillance des abbés de Boquen et de Coëtmalouen lesquels, en cas de besoin, peuvent recourir au conseil du Vicomte de Rohan, « qui aime passionnément ce lieu ».

Le 30 octobre 1392, le duc Jean IV ordonne à la Cour de Ploërmel de laisser au Vicomte les « justiciement et proche seigneurie » sur le temporel de Bon-Repos.

En 1395, Jean Ier de Rohan fait lambrisser (moyennant 200 livres) l'église de l'abbaye, avant de mourir en février 1396, après avoir testé en sa faveur. C'est Yves de Quemper, douzième abbé, qui préside à sa mise au tombeau.

Sa veuve, Jeanne de Navarre, se retire alors au château de Guémené, où elle rédige, le 22 septembre 1401, un testament par lequel elle demande à reposer près de son époux, et règle elle- même les cérémonies funéraires :

Aussitôt notre trépas notre dépuille mortelle sera transportée en l'église Notre-Dame de La Fosse de Guémené et éclairée de cinq torches de cire durant le service qu'on y célébrera : torches du poids de cinq livres, tenues par cinq pauvres vêtus de burel noir, lesquels recevront chacun deux sols. Le corps sera couvert d'un drap noir orné d'une croix blanche. Sur le maître-autel brûleront quinze cierges à l'honneur des quinze joies de la Vierge; sur chacun des autels secondaires, quatre torches de quatre livres et demie. Pour le cortège funèbre, depuis le seuil de l'église Notre-Dame jusqu'à l'église de

Monsieur Saint-Malo (Locmalo), cinq autres pauvres vêtus de bure, et qui recevront également deux sols, précéderont immédiatement le corps, porteurs de cinq torches neuves; le parcours se fera par les chapelles Saint-Gilles et Sainte- Madeleine qui, au passage, recevront une torche de quatre livres, un pilet (synonyme de cierge) de cire d'une livre, et quarante sols pour leur entretien. De Saint-Malo, cinq autres pauvres, avec des torches neuves, escorteront le corps jusqu'à Bon-Repos.

Arrivé à l'église abbatiale, les pauvres et les torches seront encore renouvelés et placés comme il suit : cinq autour du corps, deux face au maître- autel, deux face à l'autel de la chapelle particulière où sera ensevelie la défunte. En outre, des torches et pilets de grosseurs différentes garniront le maître-autel (au nombre de quinze comme à Guémené) et chacun des autels secondaires. Les porteurs de torche toucheront deux sols six deniers; et tous les indigents qui se présenteront à l'abbaye ce jour-là recevront deux sols pour prier Dieu. Les prêtres qui officieront auront trois sous chacun. Toujours comme il est dit devant, nous avons ordonné que lesdites torches, pauvres et vêtements soient renouvelés.

Ces instructions nous font entrevoir la manière dont s'ordonnent les funérailles des Rohan à cette époque.

Quant au testament, il se termine par une longue liste de dons à l'abbaye : un tryptique de la Passion du Sauveur, un « gobelet d'or », une « nappe » confectionnée par la testatrice, un diamant pour orner un calice – et stipule la fondation de « sept annuels ». Enfin, elle lègue : une chasuble en velours brodé pour la chapelle *et notre chambre vermeil avec un Saint-Gervais.*

Et elle précise : *Avons ordonné qu'elle soit tendue de cette façon, c'est à savoir, le dossier au-dessus du grand autel de l'église, le grand au-dessus également et les courtines tendues autour du même autel, tant d'un côté que de l'autre, dans tout l'espace qu'ils pourront occuper et la courtepointe sera mise sur notre tombeau les jours de fêtes solennelles ou quand des personnes étrngères se trouveront à l'abbaye, et les autres jours sera mise une serge noire, et les tapis de notre chambre seront tendus en haut du dais d'un côté et d'autre du chœur. L'abbé et les religieux du couvent s'engageront à ne jamais les déplacer ni les vendre, sinon nos exécuteurs en feront au profit de notre âme l'usage qu'ils jugeront le meilleur.*

Après un court veuvage « simple et digne », Jeanne de Navarre meurt à Guémené le 20 novembre 1403. Son testament est scrupuleusement respecté et, quelques jours plus tard, elle repose près de son époux dans l'église abbatiale.

Bien que l'abbé ait rendu aveu de son « moustier » au vicomte de Rohan le 6 septembre 1406, en ce début de XVIe siècle, « les mandements du duc Jean V font état d'une querelle – qui va durer huit ans – entre les officiers de Rohan et les moines, au sujet du rachat des dîmes ».

De plus, l'esprit monastique fléchit à nouveau. Le relâchement est général : les moines laissent les bâtiments sans réparation et dépensent leurs revenus en « fêtes païennes »; ils refusent de faire l'aumône et négligent même de célébrer l'office divin. Le vicomte Alain VIII et Béatrix de Clisson, son épouse, en appellent au Souverain Pontife. La réaction du pape Grégoire XII se traduit par une bulle datée du 28 février 1415, dans laquelle il *stigmatise le luxe des abbés, la présene des dans les monastères, la fréquentation des auberges par les religieux souvent armés* – et il ordonne à l'abbé de Bon-Repos de visiter en personne tous les fiefs de Rohan, y corriger les abus, de rétablir le service des fondations, sous peine de censure ecclésiastique, et même, autant qu'il sera nécessaire, en appelant l'aide du bras séculier.

Le 16 juin 1424, Alain VIII de Rohan rédige son testament au manoir de Perret. Il demande qu'après son décès son corps soit ensépulturé au moustier de Bon-Repos, où ses anêtres sont enterrés, il ordonne une messe de Monsieur Saint-Michel à être dite et célébrée chaque jour en l'abbaye au grand autel, pour laquelle dire et célébrer il ordonne que 100 livres de rente soient payées au couvent sur les recettes de la Vicomté de Rohan. Il meurt au château de La Chèze le 25 juillet 1429. Son fils, Alain IX, prend la tête de la Vicomté.

Depuis longtemps déjà Bon-Repos avait sa foire qui se tient au lieu-dit « la porte aux Moines », proche de la chapelle Saint- Michel, le jour de la Saint-Pierre – 29 juin. Elle est affranchie le 26 août 1441.

Quelques années plus tard, les religieux de l'abbaye'ayant accusé les officiers de la Vicomté de les troubler dans certains droits de dîmes et de coutumes, portent leur plainte devant le Conseil de Alain IX, qui se prononce sur quelques points litigieux, tandis qu'il les invite, le 26 août 1447, à se pourvoir, sur d'autres points, devant la Cour de Pontivy. (Le premier jugement concède cependant à Bon-Repos les dîmes novales dans les forêts de Quénécan, de Poulancre et de Branguily.)

Le vicomte Alain IX, malade, rédige un premier testament, le ler mai 1454, au manoir des Aulnais. Si, dans cet acte, il « oublie » une partie de ses dettes, il songe à son repos éternel et, comme ses prédécesseurs, il choisit Bon-Repos comme lieu de sa sépulture. Un second testament, signé à La Chèze le 23 février 1462, modifie le premier sur certains points, mais confirme celui concernant la sépulture : *Voulons et ordonnons que, quand le plaisir de Dieu sera de finir notre vie corporelle, notre corps soit inhumé et ensépulturé au saint moustier et abbaye de Bon-Repos, qui est la fondation et sépulture de nos antécesseurs.*

Il décède au même château le 20 mars 1462 et, conformément à sa volonté, est inhumé à Bon-Repos, tenue alors par Henri Le Barbu, 14e abbé – qui résigne ses fonctions le 9 mars 1464 en faveur d'Alain de Penguily.

Aussitôt, celui-ci prétend prendre la direction de l'abbaye, sans l'accord du Vicomte de Rohan – en invoquant le « droit de résignation ». Mais il est condamné par le Conseil de Jean II à se soumettre à l'autorité de celui-ci, sous peine d'être « rejeté et mis au néant ». Le 7 août, Penguily reconnaît – devant le Conseil de la vicomté siégeant à La Chèze – les droits du vicomte sur Bon-Repos, et s'engage *à mettre bon ordre à la gestion de ses revenus*.

Le 10 juillet 1465, le nouvel abbé est enfin mis en réelle possession du monastère. Mais, dès le 3 juillet 1466, il comparait à nouveau devant le Conseil. Le 7, le Conseil déclare « funeste » la gestion de la maison par Penguily et son prieur. Peu après, l'abbé de Boquen interdit solennellement Alain de Penguily pour « maléfices, délits et mauvaise administration ».

C'est alors, vers 1470, que le Chapitre de Cîteaux confie – provisoirement – la responsabilité de Bon-Repos à l'abbé de Boquen. Une charte datée du 25 mars 1475 indique que cet abbé est à ce moment désigné comme le « Père Abbé desdits abbé et religieux de Bon-Repos ». Le fait est à nouveau confirmé l'année suivante dans une déclaration du Chapitre Général de l'Ordre.

En 1479, l'abbaye *en laquelle il y a 15 à 20 religieux de l'Ordre de Cîteaux faisant service ordinairement de messes et heures cano-*

niales pour prier pour l'âme dudit Vicomte de Rohan et celles de ses antécesseurs et successeurs, à perpétuité, a un revenu de 1800 livres : c'est ce que nous apprend une enquête concernant la prééminence aux Etats de Bretagne.

D'autre part, l'abbaye a sa justice particulière, « à trois degrés ». Les sentences sont appliquées sous la surveillance de l'abbé. Le gibet est placé sur la lande en bordure du grand chemin de Gouarec à Loudéac et, en 1491, Anne de Bretagne autorise « un troisième pilier » au patibulaire des moines. Le patibulaire (ou poteaux de justice) comprend les poteaux de pierre ou de bois sur lesquels repose une traverse où l'on suspend les corps des suppliciés. Ils indiquent pour le titulaire un droit de mort sur ses sujets, droit limité au nombre de poteaux.

Après la défaite de Saint-Aubin du Cormier, la Bretagne perd son indépendance. La duchesse Anne épouse le roi Charles VIII et lui apporte son Duché. Désormais « le benoist moustier de Notre- Dame de Bon-Repos » est une abbaye royale de France.

Le Ier avril 1516, Jean II de Rohan meurt dans son château de Blain.

Malgré l'éloignement, ses restes sont ramenés à Bon-Repos. Ce sera la dernière inhumation d'un Vicomte de Rohan à l'abbaye. En effet, son successeur, Jacques, mourra subitement à Corlay, le 16 octobre 1527, et sera, à sa demande, inhumé à Pontivy, dans l'église des Frères Mineurs.

Les Rohan vont se tourner à l'avenir vers le protestantisme, et plusieurs d'entre eux seront désormais inhumés dans le temple de Blain.

C'est l'heure des premières difficultés pour Bon-Repos, qui n'a plus de largesses à espérer de la grande famille. Heureusement, la branche des Rohan-Guémené persévère dans la foi catholique et Louis de Rohan, seigneur de Corlay, prend l'abbaye sous sa protection.

Les vestiges du mobilier

Arbre de Jessé
(église de Saint-Aignan).

Ange de l'autel, détail
(église du Quillio).

Stalles (abbaye de Boquen).

Boiseries de la bibliothèque
(église du Quillio).

Lion en pierre (abbaye de Langonnet).

Les abbés commendataires

Le 18 août 1516, le roi François Ier impose un Concordat au pape Léon X. La signature a lieu à Bologne. C'est la conséquence directe de la victoire française de Marignan. « Pour sauvegarder une partie de sa puissance temporelle, le Pape abandonne à son vainqueur une de ses prérogatives les moins discutalbes : le droit de nommer, en France, les titulaires des grandes charges ecclésiastiques. Désormais, le bon plaisir du Roi présidera seul à ce choix : la qualité des abbés n'y gagnera pas. »

La cessation de l'élection du Père Abbé jette l'émoi dans toutes les communautés. Les moines de Bon-Repos vont tenter de résister au nouveau système.

Le dernier abbé élu par le suffrage des religieux est Hervé de Lannion – qui meurt à la fin de 1534. Aussitôt, usant pour la première fois à Bon-Repos de son droit de nomination, le roi François Ier donne la mître à un prélat bien en cour nommé Renaud Bochetel, archidiacre d'Angers.

Dès réception de la nouvelle, les moines s'assemblent solennellement et « après avoir invoqué les lumières du Saint- Esprit », ils élisent comme abbé un des leurs : Guillaume de Cacé. Malheureusement le Pape confirme la nomination royale.

Le vicomte René de Rohan réagit alors et rappelle son droit de présentation. Par une lettre signée à Fresnay le 10 janvier 1535, il nomme un représentant pour présider à l'installation du nouvel abbé. C'est pourquoi Messire Pierre Le Forestier, chevalier seigneur de Kerahuis et de Callac, sénéchal de Porhoët, se présente bientôt à Bon-Repos. Il y est, courant janvier, lors de l'arrivée du nouvel abbé, et il est porteur des instructions suivantes :

Comme il est venu à notre connaissance et notice que l'abbaye de Bon-Repos, par le trépas de feu frère Hervé de Lannion, que M. Renaud Bochetel, grand archidiacre d'Angers, a été pourvu d'icellé abbaye par notre Très Saint Père le Pape, à la nomination du Roi notre souverain seigneur, savoir faisons que, en usant de nos droits et de ceux que nos prédécesseurs ont accoutumé jouir, vous avons commis et député, commettons et députons par ces présentes pour assister à la possession que prendra icelui Bochetel, et de lui faire les sommations à ce qu'il ait à faire, promettre et jurer les redevances, devoirs et obéissances qu'il et ses prédécesseurs nous étaient et sont tenus faire; de ce faire nous avons donné plein pouvoir, autorité et mandement spécial, et d'en requérir et demander instrument et acte valable.

Bon-Repos vient donc de recevoir son premier abbé commendataire : le coup de force des moines a échoué.

Mais pourquoi cette opposition des religieux? Tout simplement parce qu'ils tiennent à l'élection de leurs dirigeants – et que la commende consistant en l'usufruit de l'abbaye, le titulaire ainsi désigné de l'extérieur n'est pas tenu de résider au monastère. Il peut se contenter d'en percevoir les bénéfices. Dans ce cas, il faut également prévoir un prieur claustral, qui ait la responsabilité du respect de la règle bénédictine. La commende ne peut donc qu'accélérer la décadence des monastères.

Un autre problème se pose. Les moines sont trop peu nombreux pour suffire à la culture des immenses domaines dont ils sont propriétaires ou usufruitiers. Ils sont bientôt obligés de se faire aider par des salariés. Puis, finalement, ils louent leurs terres à domaine congéable, « seul mode de tenure usité dans la Vicomté de Rohan ». La surveillance n'est pas aisée et les revenus vont rentrer de plus en plus difficilement.

Renaud Bochetel décède en avril 1536. Le Roi nomme Guillaume Lateranus pour lui succéder. Les moines font alors une seconde tentative pour affirmer leur esprit d'indépendance. Ils lui opposent un de leurs frères, Jean de Quellenec. Mais c'est pour eux un second échec et ils ne contesteront plus désormais le nouveau système de nomination.

Et ainsi, en 1541, Bon-Repos abrite un prieur – devenu le réel responsable sur place du fonctionnement du monastère (puisque l'abbé Lateranus ne mettra Jamais les pieds à l'abbaye) – et 17 moines.

Crosse ciborium de Bon-Repos (église du Quillio).

La décadence monastique

La commende est bientôt aggravée par les nouveaux impôts royaux qui, dorénavant, grèvent les revenus du monastère. Le 30 mai 1544, Bertrand Laurent, sénéchal de Quimper, rend visite à Bon-Repos, *pour le fait de l'aliénation du domaine et des fruits du temporal de l'abbaye, jusqu'à la concurrence de 820 livres tournois, cette part afférent au tiers denier d'un million de livres levé sur le temporel de l'église universelle de France.*

Le 24 avril 1549, c'est l'abbé Lauteranus qui bénit les fiançailles de François de Rohan, seigneur de Gié, avec Renée de Rohan, dame de Guémené.

« En 1560, le Roi accorde à l'abbé de Bon-Repos un privilège exorbitant, le droit de committimus. En vertu de ce privilège, l'abbé, passant par-dessus toutes les juridictions bretonnes, pourra porter directement ses procès devant le Parlement de Paris.

« A vrai dire, cette mesure exceptionnelle s'explique un peu par la situation exceptionnelle, elle aussi de Bon-Repos. L'abbaye se trouve en pleine mouvance des Rohan. Or cette famille est maintenant protestante et ne saurait désavouer ses officiers dans les constantes tracasseries dont ils harcèlent le monastère...

« *La tension est si forte que nous voyons les agents du Voyer de Corlay molester durement ceux de l'abbaye. Le Doyen de Corlay est forcé d'intervenir et de menacer Vicomte et employés des plus graves sanctions ecclésiastiques.*

Un accord intervient. L'abbé renonce à ce droit, tandis que le souverain lui confirme la propriété des dîmes, dont le principe est à ce moment sérieusement contesté.

F. Le Bour'his-Kerbiziet explique que, d'autre part, « il était inévitable qu'au cours des siècles, un affaissement de la piété cistercienne se produisit. Aux causes multiples de décadence déjà évoquées, il convient d'en ajouter une autre, moins apparente, mais dont l'action sournoise, poursuivie pendant des siècles, devait affaiblir d'abord, anéantir ensuite, l'idéal supérieur proposé aux premiers cisterciens par la règle de Saint-Benoit.

« A l'origine, les Cisterciens étaient des chrétiens de foi profonde, pleins de mépris pour le monde, la puissance et l'or. De leur plein gré et souvent malgré l'opposition de leurs familles, ils avaient embrassé une vie d'austérité et de prière, sans autre ambition que d'assurer leur félicité éternelle. Idéal magnifique auquel notre civilisation doit le plus clair de ses conquêtes. L'enrichissement progressif du monastère a, petit à petit, ravalé cet idéal à des considérations plus terre à terre.

« Et dès lors la pensée devait venir tout naturellement aux aînés de noblesse, héritiers, par droit d'aînesse, de la totalité de la seigneurie, mais ayant charge, tout de même, de leurs cadets, de se décharger de tout souci, en les faisant entrer en religion dans un couvent solidement renté.

« Désormais, ces religieux sans vocation, vont peupler les monastères... Il est facile de s'imaginer quel pouvait être l'état d'esprit de ces malheureux, condamnés à la robe de bure et enfermés pour la vie dans un monastère transformé pour eux en prison perpétuelle... »

En 1562, Henri de Rohan fonde l'Église Réformée de Pontivy. Cinq ans plus tard, en 1565, il existe 27 églises protestantes en Bretagne. Les nouvelles idées religieuses s'insèrent dans la région de Pontivy et dans toute la Vicomté de Rohan. La tentation de refuser la dîme aux religieux se généralise. D'ailleurs, poussant dans ce sens, les huguenots – pour lever les scrupules des catholiques – font publier que le Pape et le Roi ont aboli les dîmes. Des gentilshommes tentent d'empêcher leur perception – allant jusqu'à la violence. Les ressources de Bon-Repos sont donc bientôt en régression et l'abbaye se trouve obligée d'entamer des procédures interminables contre les réfractaires.

Moins de dix ans plus tard, en 1571, l'audace des protestants – dont l'influence (soutenue par la famille de Rohan) augmente aux environs de Pontivy – est à son comble. Il se forme alors une véritable conjuration générale pour abolir les dîmes de Bon-Repos, alors dirigée par Jean Rousselet, 22e Père Abbé.

Les difficultés financières sont graves. L'abbé, privé de ses ressources normales, ne peut faire face aux impôts royaux. L'existence même des moines est en péril, aussi leur nombre diminue-t-il sensiblement (il semble qu'ils ne soient plus que huit à Bon-Repos). Mais le Trésor Royal se moque de ces problèmes; il a besoin d'argent frais. En 1578, le Parlement « menace les abbés de la saisie de leurs revenus s'ils n'acquittent pas les taxes royales ». Cette menace fait d'ailleurs suite à une ordonnance de 1577, qui autorise l'abbé « à aliéner le temporel de l'abbaye pour subvenir aux urgentes affaires et nécessités de Sa Majesté ».

Un autre problème important et immédiat surgit alors brusquement. Un aventurier breton (fils d'une vieille famille du Léon) nommé Troïlus de Mezgouer, ancien page de Catherine de Médicis, ancien Vice-Roi de Terre-Neuve, s'empare de Bon-Repos, à la tête d'une bande de soudards.

« Les moines sont chassés; tous les objets du culte pillés. Des magnifiques archives de l'abbaye, les soldats font du feu, ou de la litière pour leurs chevaux. Les vêtements religieux et les objets du culte vont leur permettre de promener, à travers la campagne, des mascarades sacrilèges. Ils font rentrer, lance au poing, les dîmes hésitantes. »

Plus, le bandit obtient, « par ses relations à la Cour, de la faiblesse du Roi, un titre justifiant, en apparence, sa prise de possession bruyante ». (Et il va exercer sa funeste influence sur l'abbaye pendant plus de vingt ans!)

A partir de 1585, les prélèvements royaux prennent un caractère plus impérieux, en conséquence de la bulle du pape autorisant le Roi de France à faire vendre une partie des biens du clergé pour subvenir aux frais de la guerre contre les protestants.

L'avènement de Henri IV, prince protestant, le 2 août 1589, n'arrange pas les choses. La guerre de la Ligue commence. Elle va se poursuivre durant neuf ans, et disperser les moines qui sont pratiquement sans ressources extérieures. L'Edit de Nantes, signé par le Roi le 13 avril 1598, amène la fin des guerres de religion.

Les moines regagnent alors timidement Bon-Repos, mais certains restent cachés dans les paroisses environnantes et

M. de Clairvaux doit leur ordonner « de vivre tous en commun ».

Cette même année 1598, dom Antoine Bouguier, abbé de Villeneuve, et représentant de Cîteaux en Bretagne, visite les abbayes cisterciennes – dont Bon-Repos – sans que son passage ait semblé entraîner quelque amélioration à leur état anarchique.

Le 26 juin 1600, c'est au tour de dom Denis Largentier, abbé de Clairvaux, de rendre visite à Bon-Repos. Il est muni de pleins pouvoirs. « Il trouve les bâtiments en ordre, sauf le cloître. Les moines sont au nombre de six; ce n'est pas suffisant. En attendant que la communauté puisse avoir un septième religieux, il lui ordonne de s'adjoindre un prêtre séculier. L'abbé commendataire devra fournir des vases sacrés, du linge, une Règle de Saint- Benoit, une tenture pour le maître-autel. Si ces objets, indispensables à l'exercice du culte et à l'observance de la règle, manquent dans un monastère, on peut se demander ce qu'il en est du reste... »

Les moines manquent également d'argent. Ils réclament alors à la maison mère « les moyens d'existence, l'entretien du service divin et les réparations du couvent ». François Le Ny, 23e abbé, étant absent (il n'a jamais résidé au monastère), Mezgouer fait assembler le chapitre sous la direction de Guillaume Legalles, prieur, le 5 juillet 1600.

A l'issue de cette réunion, un accord est signé pour six aus, par lequel Troïlus accepte de concéder aux moines la métairie attenant au couvent et leur octroie « un partage du tiers aux deux tiers des rentes et dîmes de l'abbaye, tous les frais d'entretien, et les aumônes » leur incombant. Mezgouer est usufruitier de la quasi- totalité des autres bénéfices, mais se charge des réparations et des décimes dûs au Roi, soit 170 écus. Les moines retrouvent ainsi une partie de leurs bénéfices – mais une partie seulement – car beaucoup de vassaux continuent de refuser la dîme. L'abbaye fait alors appel « au célèbre jurisconsulte d'Argentré pour la défense de ses droits de propriété ».

En 1603, l'abbé de La Ferté et celui de Cîteaux, visitent Bon- Repos pour rédiger un « état du temporel afin qu'étant alimentés et vêtus comme il est raisonnable, les moines n'aient aucune occasion de se détourner de leur devoir ». Ils disent qu'il y sera entretenu huit moines, le prieur « faisant pour deux ». Le rythme monastique a apparemment repris, mais « le coeur manque »

La mort de Mezgouer – survenue en 1606 – délivre Bon-Repos d'une présence plus que désagréable. L'abbé Le Ny renonce également à se fonction peu après, abandonnant la jouissance de la maison au nouvel abbé, Antoine de Morri de La Vallière.

Le monastère semble vouloir reprendre sa vie paisible, faite de prière et de travaux des champs, mais ce répit est de courte durée.

L'Ère des scandales

Le scandale arrive alors du fait des religieux, et il va se poursuivre pendant plusieurs dizaines d'années. Quelques exemples feront mieux connaître leur importance.

En 1611, dom Largentier, au cours de sa visite annuelle, est forcé de sévir, non plus contre l'abbé, mais contre un religieux, Guillaume Gallou, convaincu d'avoir trafiqué des grains et bestiaux, à son profit, et aussi d'avoir vendu frauduleusement pour 400 livres, une métairie dont il avait encaissé le prix. Gallou refuse cyniquement de révéler l'emploi qu'il a fait de cet argent, comme aussi « de déclarer les commodités qui lui peuvent rester de son trafic ».

Les moines ont abandonné depuis longtemps leur école de Noyal- Pontivy lorsque, le 16 décembre 1645, ils perdent le tiers des dîmes de la région au profit des paroissiens de ce village. En effet, les sommes ainsi récupérées vont servir à réaliser les réparations à la chapelle Sainte-Marguerite dont les religieux avaient la charge et qu'ils ont également totalement délaissée.

En 1647, Michel Mazarin, religieux dominicain, archevêque d'Aix et Cardinal en titre de Sainte-Cécile, frère du célèbre Cardinal, est en possession de l'abbaye. Bien entendu, il ne réside pas sur les bords du Blavet.

Le 26 juillet 1651, Louis de Rohan écrit au Sieur de Clehunault, violent ennemi des dîmes : *J'ai entendu que vos hommes et sujets qui devaient la dîme à l'abbaye de Bon-Repos ne la veulent pas payer cette année. J'ai voulu vous le dire, afin que vous leur commandiez, sous peine de me désobéir, et vous aussi, qu'ils ne faillent à la payer, ainsi qu'ils ont accoutumé; car je ne voudrais que tels abus, qui sont un si mauvais exemple, fussent commis en mes terres par mes vassaux et sujets, encore moins à l'endroit de M. de Bon-Repos que d'autres, car il est de mes bons amis.*

En 1653, le Père Abbé, Olivier Lusenac, représente l'abbaye aux Etats de Fougères. En 1662, le Parlement de Bretagne confirme l'autorisation donnée par Anne de

Bretagne – 170 ans plus tôt – d'installer un troisième pilier au patibulaire de l'abbaye. En 1669, aux Etats de Dinan, Bon-Repos est représentée par Henri- François Rougé du Plessis-Bellière, 32e abbé. Mais cet abbé, s'il perçoit les revenus et participe à la vie officielle du couvent, ne s'inquiète aucunement de la vie quotidienne.

Vers 1675, le Père Maunoir raconte qu'à « Saint-Mayeux, la mission était heureusement commencée lorsqu'un ennemi bien inattendu vint se jeter à la traverse et faillit tout compromettre. Le seigneur abbé de Bon-Repos n'avait-il pas envoyé chercher les joueurs de flûte et de biniou, et ordonné à la jeunesse de reprendre ses danses nocturnes, si subitement interrompues. Lui-même, dans un costume qui n'était rien moins que religieux, s'en faisait le spectateur effronté. Pareil scandale ne demeura pas longtemps impuni. La fièvre terrassa bientôt notre cistercien et le conduisit aux portes du tombeau. Dans ce moment suprême, ni les prières, ni les larmes des siens ne purent avoir raison de son impénitence. Sa mort ressembla à sa vie, et porta tous les signes de la malédiction divine. »

Le brigandage des moines est également fréquent. De Barthélémy a raconté l'un d'eux, qui viendra devant la justice de Corlay :

« Dans la nuit du 21 au 22 janvier 1674, dix hommes masqués assaillirent la maison des époux Bertho, au village de Kereven, trève de Caurel. Après avoir enfoncé plusieurs portes, ils pénétrèrent dans la chambre des deux époux qu'ils arrachèrent de leur lit et traînèrent en chemise sur le chemin de la chapelle Saint-Gelven. Pendant que les uns maintenaient et maltraiLaient le mari, les autres, ayant à leur tête le prieur de Bon-Repos et l'un de ses religieux, s'efforçaient d'entraîner dans leurs coupables désirs la femme enceinte. Promesses et menaces épuisées, ils s'apprêtaient à violer cette malheureuse, quand les habitants des maisons voisines attirés par les cris, forcèrent la bande de misérables à s'éloigner. Ils le firent en tirant des coups de fusil et de pistolet et jurant de casser la tête à qui oseraient les suivre. »

A partir de 1681, les dîmes de l'abbaye sont mises à ferme chaque année, le mardi de Pentecôte, par les soins des officiers seigneuriaux de Pontivy. L'enchère a lieu sous le porche de l'église de Noyal. En 1682, leur prix atteint 4800 livres; en

1684, il monte à 4600 livres; en 1685 à 4030 livres; en 1691 à 3500 livres; enfin à 3000 livres en 1694.

En 1683, Philippe-Alexandre de Montault-Navailles de Saint- Géniès est nommé Père Abbé. L'opulence n'étant jamais revenue depuis les troubles de la Ligue, le vieux monastère tombe en ruine. Après avoir rendu visite à Bon-Repos, l'Abbé se replie sur Pontivy où, en 1694, il demeure encore « le plus ordinairement ». (Par la suite, il résidera à Bon-Repos.)

Les moines ne sont toujours pas des modèles de vertu. En juin 1687, le seigneur de Correc, près de Laniscat, messire Toussaint des Cognets, voit des religieux arriver en armes à Saint-Gelven, pour s'opposer aux plaids de sa juridiction. Il écrit :

« Saint-Bernard, dont ils prétendent suivre la règle, n'allait cependant point le fusil sur le bras et la queue troussée. » La Cour de Ploërmel se saisit de l'affaire et, en représailles, « les religieux vont, la nuit et avec des fusils, semer l'effroit chez certains vassaux de Correc ». Des Cognets explique : « Plus, dimanche dernier, au pardon d'une chapelle qui relève d'eux, ils y étaient plusieurs religieux lesquels ayant à leur suite plusieurs sonneurs et bâtons en mains ils faisaient lutter et faisaient faire lice de bonne grâce, c'est-à-dire à bons coups de bâtons... il fallut chercher le sieur prieur qui se délassait dans quelque lieu voisin, afin d'ôter le bâton des mains d'un de ses religieux qui, se sentant de grande chaleur avec le jallet qu'il avait pris, frappait sur ce pauvre peuple si violemment que, sans la prudence du sieur prieur, il y fut arrivé désordre. »

En 1694, c'est le cuisinier de Bon-Repos qui assassine un habitant de Laniscat dans le moulin de l'abbaye.

D'après Hervé du Halgouët il y a 18 religieux présents à Bon- Repos en 1702. Ce nombre tombe à 8 en 1709 et, pendant tout le XVIIIe siècle il semble qu'il ne dépasse jamais 4 à 5. (Ces chiffres montrent que les religieux sont désormais totalement incapables d'exploiter même une parcelle de leurs terres. Le domaine entier est alors mis en ferme...)

La reconstruction

Cependant Saint-Géniès – qui sera pourtant beaucoup critiqué – décide de reconstruire le monastère « en très bel appareil de schiste maclifère » et d'en faire une maison « digne des fondateurs et de l'Ordre de Cîteaux ». Tous les moyens vont lui être bons pour trouver l'argent qui permettra d'activer les travaux.

En 1706, quand l'exploitation générale des bois de Caurel et de Blaise est consentie par le Chevalier de La Pierre, grand maître des Eaux et Forêts de Cornouaille, l'Abbé demande que, sur les bénéfices de l'exploitation, qui devaient être placés en rente sur l'hôtel de ville, 3000 livres soient retenues pour être affectées aux réparations de leurs maisons fort endommagés et « à la construction de nouveaux bâtiments ». A cette occasion, « l'Abbé et le prieur montèrent à cheval » pour accompagner le Chevalier de La Pierre dans sa visite des bois de Bon-Repos.

Peu après, Saint-Géniès demande l'autorisation de vendre la forêt de Saint-Hervé. Mais les moines n'apprécient pas ses méthodes et son peu de souci de leur patrimoine. Les plaintes se succèdent.

Le 9 novembre, le frère Jean de Louys récrimine : « Monseigneur l'abbé jouit du même revenu que faisait le feu marquis de Plessis- Bellière, qui en faisait près de 12000 livres sans le casuel, qui en vivait honorablement, au lieu qu'il vit à Pontivy, comme le plus petit bourgeois, et d'une manière que la charité ne permet pas d'expliquer. »

Le Père Janeriat se plaint également, le 8 mai 1707 : « Monseigneur, sur l'avis qu'on m'a donné que M. l'Abbé Saint- Géniès n'est pas content de la coupe de bois du Blèze et de Caurel, dépendant de Bon-Repos, mais qu'il sollicite la permission de vendre le bois de Saint-Hervé contre le sentiment de notre communauté, je prends la liberté de vous représenter, avec tout le respect et la soumission que je vous dois, que ce bois de Saint-Hervé est tout jeune, de belle espérance, qu'il est situé à la porte de l'abbaye dont il fait la décoration et que c'est toute la ressource qui nous reste pour notre chauffage et pour les réparations. Ayez la bonté, Monseigneur, d'avoir égard à ces raisons et conservez un bois dont la coupe causerait un dommage irréparable à l'abbaye. »

Toutefois Saint-Géniès persévère et les travaux se poursuivent. Pour les payer, il emprunte et il exploite les dernières ressources du domaine. En 1714, Mlle Jonquer, femme de charge, arrive à Bon-Repos pour prendre du service auprès du Père Abbé. Elle affirme que Saint-Géniès peut « à peine fournir aux dépenses de sa maison ».

Le 31 janvier 1718, M. de Bon-Repos est condamné à une forte amende pour avoir pris des bois de réparation à Quénécan. Il fait appel devant le Parlement. (Un accord interviendra le 23 juin 1723.)

Le 5 mars 1721, Pierre de Conningham, prieur, sollicite l'autorité royale pour mettre fin aux « dilapidations » commises par l'Abbé de Saint-Géniès. Une enquête a lieu à travers les bois de l'abbaye et le prieur affirme : « Monseigneur abbé fait abattre journellement des bois de forêt autres que pour le chauffage, puisqu'il jette par terre des chênes, tant pour l'embellissement de sa maison abbatiale, que autrement... » Certains bois sont vendus par l'Abbé qui poursuit – envers et contre tous – son oeuvre de reconstruction.

Sa gestion doit être saine puisque, parallèlement aux travaux, les finances de l'abbaye sont bientôt rétablies, les créances réglées et l'Abbé peut « vivre avec honneur ». D'ailleurs, le 8 janvier 1722, il acquiert, au nom de la communauté, une portion de deux maisons dans les faubourgs de Pontivy.

Malgré ces résultats, le prieur Conningham écrit le 21 juillet 1722 : « Monsieur de Bon-Repos ne prend pas tant d- mesures que nous, quoi qu'il semble qu'il en doive plus prendre, car le bien que nous a donné l'illustre famille. de Rohan, ça été pour prier Dieu pour eux et Monsieur l'abbé de Bon-Repos d'aujourd'hui l'on se contenterait d'apprendre seulement qu'il dit une partie de son bréviaire... Enfin, je veux vous dire que, depuis lundi passé, vingt du courant, il a mis trois ouvriers à couper des chênes dans ladite forêt de Quénégan... »

Le 8 septembre, Conningham se plaint encore : « Si je n'avais pas empêché que notre abbé n'eût achevé de détruire nos bois par toutes les permissions qu'il a données aux vassaux pour de l'argent, nous ne serions pas dans la dure nécessité où nous sommes... »

Cinq ans plus tard, les droits dans la forêt sont toujours un des importants sujets de discussion entre les moines.

Le Grand Maître et le vendeur des bois du Duché se rendent à Bon- Repos, le 2 juin 1728, pour procéder à la désignation du bois de chauffage. L'abbé leur demande de marquer les arbres concédés. Et le procès-verbal de la visite indique : « Nous avons fait marquer, avec notre porte-marteau ordinaire, après ouverture par nous de la custode, six pieds d'arbres fouteaux. Procès-verbal a été dressé, après avoir remis le marteau dans sa custode, fermée à clef, et chacun de nous s'est saisi de sa clef ». Curieuse procédure qui nous donne la mesure de la confiance mutuelle régnant entre les contractants.

L'affaire est enfin réglée le 26 mars 1729 – et un arrêt du Conseil d'Etat daté du 28 juin réduit les droits de l'abbaye : il réglemente les coupes pour le chauffage et les ramène à « 23 arpents » annuels.

Saint-Géniés, « très insouciant de ses obligations féodales vis à vis du duc de Rohan, son suzerain », se montre très chatouilleux sitôt qu'il s'agit de ses propres droits. Témoin cet acte du 12 septembre 1729 par lequel *défense est faite par le seigneur abbé de Bon Repos aux peintres se trouvant actuellement dans le cimetière de Saint-Gelven, de faire aucune ceinture, ni lisière, d'apposer aucune armoirie autour de l'église et chapelle de Saint-Gelven et Caurel, sans l'ordre exprès dudit abbé, étant seul seigneur fondateur des dites églises et chapelle*. Au même moment, il fait également défense aux curés de Saint-Gelven et de Caurel de nommer les seigneurs de Guémené dans leurs prières nominales. Il reconnaît cependant sa dépendance vis-à-vis du duc de Rohan : *Et étant rendu à la nomination des seigneurs des lieux, avons entendu ledit curé nommer à haute voix, et particulièrement, les seigneurs princes de Guémené, sans qu'il ait, en aucune façon, fait mention de Mgr le prince de Léon, duc de Rohan, ni du seigneur abbé de Bon-Repos, seuls seigneurs fondateurs.*

D'autre part, le 17 novembre 1729, Constantin de Rohan, prince de Guémené, écrit à l'Intendant du duc Louis-

Bretagne-Alain de Rohan que « l 'Abbé ne veut reconnaître aucun seigneur... »

Contre vents et marées, avec une ténacité exemplaire, l'abbé poursuit la tâche qu'il s'est assignée. Les coupes sombres réalisées dans les forêts de Cornouaille permettent de faire surgir de terre la grandiose abbaye dont nous pouvons encore admirer les vestiges.

D'ailleurs l'abbé de Saint-Géniès est « un grand seigneur par la naissance et un galant homme; nous n'oserions douter qu'il ne porte intérêt aux moines, mais il aime aussi la société des personnes séculières que, jusque-là, les disciples de Saint- Bernard avaient exclu du cloître. En aimable parent, il reçoit à Bon-Repos, Mesdemoiselles de Saint-Géniès et vraisemblablement songe-t-il à étendre cette hospitalité lorsqu'il projette de construire à Bon-Repos le « Pavillon des Dames ».

Un devis signé « Guillo », daté du Ier avril 1730, porte sur l'édification d'un vaste corps de bâtiment avec deux pavillons, d'une partie du cloître, d'un mur du bas-côté Sud de l'église et de la façade du monastère : « façade de 136 pieds y compris les pavillons, deux côtés du cloître faisant chaque côté sept arcades, 11 toises 3 pieds de long, le mur du bas-côté de l'église à refaire de 90 pieds de long. » Une nouvelle campagne de travaux démarre peu après.

L'église abbatiale est alors très restaurée. De l'église d'origine (XIIIe siècle) on ne garde que le mur Sud et le mur pignon du transept Sud. On ajoute une abside et on place dans l'édifice un mobilier luxueux : boiseries, crosse eucharistique, aigle-lutrin en bois doré, etc.

C'est certainement À l'occasion de ces travaux que le duc Louis- BretagneAlain de Rohan demande l'ouverture des tombeaux de ses ancêtres. Il charge de cette mission Dom Hyacinthe Morice (auteur d'une « Histoire Ecclésiastique et Civile de Bretagne » et responsable du regroupement et de la publication des « Mémoires pour servir de Preuves à l'histoire Ecclésiastique et Civile de Bretagne »), et Dom Duval. Deux échevins et deux procureurs de Pontivy, les sieurs Mat et Bourdonnay sont « délégués par le Duc pour assister à la cérémonie ».

Tous quatre se présentent à Bon-Repos, à l'abbé de Saint-Géniès, le samedi 16 août 1732 : « Les religieux assemblés en chapitre, après avoir pris connaissance des lettres du Duc, accueillirent très favorablement les bénédictins et avec un « empressement » justifié par une curiosité naturelle, ils procédèrent à l'ouverture des enfeus de Rohan.

« On leva quatre pierres tombales placées devant le maître-autel du côté de l'Evangile et deux autres sous le clocher, lesquelles mirent au jour des caveaux d'environ cinq pieds de profondeur. Les trois premiers seuls renfermaient des ossements ainsi que des débris de cercueils et de vêtements. Ces restes, à peine perceptibles, représentaient les corps de tant de puissants seigneurs qui, depuis les fondateurs, avaient voulu dormir leur dernier sommeil à Bon-Repos. Les pierres tombales furent remises en place. Quand l'abbé, le premier, eut signé le procès-verbal, les visiteurs, puis six religieux de Bon-Repos, comme témoins, apposèrent leur seing. »

Etonnons-nous, avec M. Hervé du Halgouët, « de ne trouver dans cette église abbatiale que six enfeus supposés de Rohan, dont trois vides, lorsqu'on songe au grand nombre des membres de cette famille, tant de Rohan que de Guémené, qui désirèrent être inhumés en ce lieu ».

Le plan de 1730 qui est parvenu jusqu'à nous est loin d'avoir été réalisé – et ne le sera jamais – lorsque, après avoir cependant relevé l'abbaye et y avoir passé près de cinquante ans de sa vie, l'abbé de Saint-Géniès y meurt le 12 mars 1734. Aussitôt, "le prieur, assisté de M. de La Villéon, intendant général du duché, d'un prêtre, l'abbé Olivier, de Mme Tosse « maîtresse de la verrerie établie dans les bois de l'abbaye » et de Charles Guyot, chirurgien royal, fait apposer les scellés sur les appartements du défunt, Le lendemain, une commission, composée du procureur fiscal et du greffier de Pontivy, procède à l'inventaire des objets mobiliers. Au moyen du procès-verbal, on suit les officiers de justice à travers la nouvelle abbatiale. Elle se compose, au rez-de-chaussée, d'une cuisine et de deux salons... Au premier étage, on trouve les chambres de Mlle Jonquer, du Duc et de l'Abbé. L'étage supérieur sert de grenier. La vieille abbatiale sert de logement aux domestiques. L'écurie (trois chevaux avec leurs selles) et un pavillon dans le jardin sont aussi mentionnés. Le procès-verbal ne dit rien des autres parties du monastère, des quartiers des moines, ni de l'église, car il s'agit d'inventorier uniquement les biens personnels de l'Abbé.

Au moment où Jacques-David de Menou, vicaire général de Nantes, devient le trente-cinquième père abbé de Bon-Repos, en juillet 1734, la verrerie située « non loin du lieu où le ruisseau des Salles se jette dans le Blavet », est en pleine prospérité.

« La mort de Saint-Géniès survenue avant qu'il n'eut achevé le paiement des constructions neuves, va créer à son successeur et à l'abbaye de multiples difficultés. Le recteur de Saint-Martin-des- Prés et le général de la paroisse, créanciers de fortes sommes vis- à-vis du défunt, actionnent conjointement le nouvel abbé et la succession de Saint-Géniès. Un long procès s'ensuit, avec les incidents multiples de la procédure de l'époque, enquête, descente sur les lieux, etc. En fin de compte, un arrêt du 28 octobre 1737, condamne la succession à payer à la paroisse de Saint-Martin-des- Prés la somme de 3367 livres, pour la réfection du chanceau de l'église. Et, comme toujours, une transaction met fin au litige, en même temps qu'elle règle le solde des avances faites par l'entrepreneur pour la construction du monastère. »

D'autre part, « la chapelle Sainte-Marguerite, en Noyal, avait été fondée par les religieux de Bon-Repos, en 1673, avec le produit des dîmes spécialement affectées à cette érection, à charge à eux d'en assurer perpétuellement l'entretien. Lorsque des réparations deviennent nécessaires, les moines s'y dérobent. Un seul moyen de réagir pour les paroissiens : refuser la dîme. Procès. La sénéchaussée de Pontivy condamne les débiteurs à payer. Mais, le 4 décembre 1745, un arrêt du Parlement de Bretagne réforme cette décision. Il ordonnne qu'*aux frais du dit abbé de Bon-Repos, la chapelle Sainte-Marguerite sera construite à neuf; que le tiers des dîmes mentionnées à la fondation y sera consacré.* Il ne reste plus qu'à faire exécuter cet arrêt. Un seul moyen : faire opposition, en vertu de ce titre, entre les mains du notaire adjudicataire des dîmes, sur le prix obtenu. »

En 1761, l'abbé de Bon-Repos est François Allaire, précepteur du Duc de Chartres (Philippe-Egalité). Sa gestion soulève quelques problèmes avec le duc Louis-Marie-Bretagne-Dominique de Rohan, en particulier à propos de l'usurpation par l'abbaye d'un convenant à Kerflech, en Plélauff. A ce sujet, une transaction intervient entre les parties le 9 décembre 1767. (Plus tard, lors de la construction du Canal de Nantes à Brest, un écusson portant les armes de cet abbé sera encastré dans la façade de la maison d'écluse qui se trouve de l'autre côté du pont de l'abbaye. Il y est toujours, mais martelé.)

Maquette de l'abbaye au XVIIIe siècle (1120e).

Pierre tombale en schiste de l'architecte.

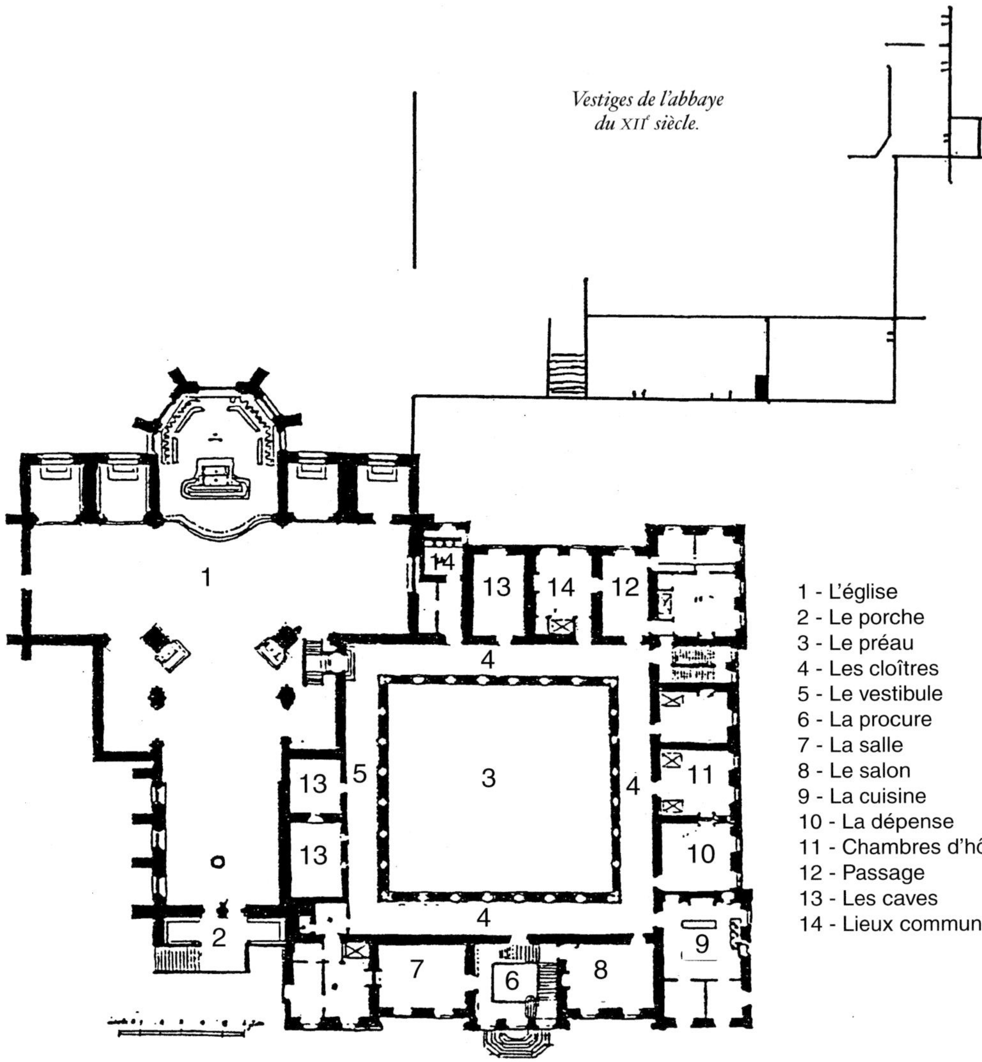

1 - L'église
2 - Le porche
3 - Le préau
4 - Les cloîtres
5 - Le vestibule
6 - La procure
7 - La salle
8 - Le salon
9 - La cuisine
10 - La dépense
11 - Chambres d'hôtes
12 - Passage
13 - Les caves
14 - Lieux communs

Plan de l'abbaye
lors de la reconstruction
du XVIIIe siècle.

La disparition

D'après Lecestre et la Commission des Réguliers, il y a, en 1768, huit religieux à Bon-Repos.

L'abbé Sicar explique qu'alors « les religieux sont profondément touchés par l'esprit du siècle qui a répandu la langueur, le découragement, parfois le dégoût et le doute dans les cloîtres... les couvents d'hommes tarissent, faute de recrutement; leur tiédeur en écarte les âmes vaillantes, avides de sacrifice. Ils ont besoin de réforme. Mais l'arbre monastique n'a plus la vitalité qui a permis à travers l'histoire de lui infuser, par des greffes puissantes, une nouvelle jeunesse. La sève semble tarie. »

En 1776, Jean-Hyacinthe Colin de Biochaye, vicaire général de Dol, 37e Père Abbé (ce sera le dernier), préside aux destinées du monastère.

« En 1780, l'abbé de Cîteaux, en visite à Bon-Repos, suspend et interdit le prieur dom Quartier, pour les mêmes délits qui ont déjà entrains tant de rigueurs contre ses prédécesseurs. Jusqu'au bout les religieux auront vécu dans l'insubordination et l'irrégularité. Peut-être aura-t-on pour eux quelque indulgence, en songeant combien leurs ressources sont réduites.

« Le 20 novembre 1784, à la veille de la Révolution, nous les voyons s'endetter de 4000 livres vis-à-vis des Carmes d'Hennebont, la dite maison, indique l'acte de prêt, *se trouvant actuellement gênée dans le paiement des différents petits objets qu'elle est dans le cas de devoir.*

« Si bien que Lanjuinais, dans son « Mémoire sur les dîmes », adressé au Parlement en 1786, à l'appui des multiples procès de Bon-Repos, constate que le plus grand nombre des redevances dîmales, a cessé d'être payé et que, de ce chef, la situation financière de l'abbaye est devenue critique.

« Le nouveau régime va se charger du remboursement en confisquant, à la fois, créance et dette. En revanche, il est vrai, il assurera aux moines le paiement de cette portion congrue que les abbés avaient si chichement servie. Et ceci explique peut- être pourquoi les moines spoliés ne lui ont pas fait grise mine, ainsi que nous allons le voir. »

Le nombre des moines n'a cessé de diminuer et, en 1789, quand survient la Révolution, « la communauté se trouve réduite à quatre religieux et n'est plus qu'une flamme vacillante prête à s'échapper de ce foyer sans vie. » (A ce moment, il subsiste 228 abbayes de l 'Ordre de Cîteaux en France.)

L'abbé commendataire, Jean Colin de La Biochaye, grand chantre, premier dignitaire et chanoine de l'église cathédrale de Dol, vicaire général du même diocèse, ne réside pas à Bon-Repos. Il habite à Rennes, dans son hôtel, « paroisse de Saint-Etienne, proche de la rue des Dames ». (Il émigre d'ailleurs rapidement à Jersey, où il mourra en 1796.)

Sont sur place : le prieur, François Huet, 45 ans – le procureur, J. B. Gardot, 50 ans – et deux frères : François Desloges, 45 ans et François Guillemin, 80 ans.

Ils accueillent les idées nouvelles avec sérénité. A ce moment, le revenu de leur maison (évalué par les commissaires du district de Rostrenen) est encore de 12000 livres.

Le procureur Gardot n'éprouve aucun scrupule à prêter le serment civique. Il devient incontinent le citoyen Gardot et est promu gardien de l'abbaye. Le prieur Huet reste avec lui (par la suite il sera curé constitutionnel de Merdrignac, avant de devenir maire de Broons). Les deux frères quittent l'abbaye.

Le décret du 28 octobre 1789 abolit les voeux monastiques, et celui du 2 novembre met les biens du Clergé à la disposition de la Nation, à la demande de Talleyrand. Ils vont servir de gages pour les assignats. Bon-Repos devient donc propriété nationale. Pour inciter les religieux à libérer les monastères un décret daté du 13 février 179O « ouvre les couvents pour les religieux et les religieuses qui désireront reprendre leur liberté ». Puis la loi du 12 août 1790 décide que les religieux doivent fournir eux-mêmes l'état de leurs biens et de leurs bénéfices.

Malgré tout la vie continue à Bon-Repos. Les deux moines ne sont plus que des pensionnés de la Nation – dont ils gèrent les terres (terres qui leur appartenaient encore l'année précédente). Cela ne les empêche pas de dépenser, cette année-là, 114 livres en aumônes en grains aux indigents.

Les Commissaires du District de Rostrenen dressent, le 27 octobre, un inventaire complet des biens meubles et immeubles de l'abbaye. Cela se passe très poliment et très simplement, comme nous l'indique 1 fa préambule du rapport dressé à cette occasion :

L'an 1790, le 27 octobre, étant arrivés à l'abbaye de Bon-Repos vers les cinq heures du soir, je trouvai dans le vestibule un domestique à qui je demandai si le prieur était visible. M. le Prieur averti, j'eus l'honneur de le saluer, ainsi que MM. les religieux, ses confrères. Ils me reçurent avec l'honnêteté et lapolitesse qui les caractérisent...

Les deux rescapés ont des idées très avancées et, le 2 novembre, ils versent au bureau de la Contribution Patriotique de Pontivy la somme de 400 livres « à titre de don gratuit pour subvenir aux besoins urgents du trésor de la Nation ». Ajoutons, pour être juste, que ce don est porté en dépense dans le compte des moines, si bien que, finalement, c'est la Nation elle-même qui supporte la dépense.

Signalons également que cette année-là, suivant les instructions gouvernementales, les armoiries abbatiales, « de gueules aux six macles d'or », (hommage évident à la gloire des fondateurs) sont martelées ou masquées partout où elles se trouvent dans le monastère. Puis, conformément au décret du 19 décembre 1789, on prévoit la mise en vente publique de l'abbaye. Dans ce but, elle est évaluée, le 17 mars 1791, par Bahezre, comme bien de quatrième classe.

L'évaluation de la maison abbatiale elle-même se monte à 4000 livres. Mais il existe, en plus de l'abbaye proprement dite : le jardin, la promenade et les terres avoisinantes pour une superficie de 6 journaux 55 cordes et une estimation de 2500 livres; un labour, deux prés et une lande d'une superficie de 18 journaux 70 cordes évalués 2690 livres; la métairie de la Porte aux Moines, estimée 4100 livres et d'une superficie de 34 journaux 69 cordes; les bois de Blaise, de Mai, de Kerraoul et la carrière de Saint-Ologan. L'ensemble est évalué 20410 livres.

On procède d'abord à la vente du mobilier. (Toute l'orfèvrerie avait déjà été envoyée à la fonte à l'hôtel des monnaies.) Le citoyen Lohan achète la crosse eucharistique, les boiseries du choeur, les stalles, les confessionnaux et le lutrin. Cette vente rapporte 3412 livres 7 sols.

Dès le début de l'année, le gouvernement avait pris des mesures pour regrouper dans des maisons de retraite les religieux qui n'avaient pas voulu quitter leurs cloîtres. Après cette vente mobilière, les deux derniers moines quittent définitivement Bon- Repos – après six siècles de présence cistercienne en ces lieux. Ils se retirent à l'Abbaye-aux-Bois, en Plédéliac. Ils vont y jouir de leurs pensions (Gardot perçoit 1000 livres et Huet 900. Les deux frères qui avaient quitté Bon-Repos l'année précédente reçoivent en 1791 : Desloges 900 livres et Guillemin, du fait de son grand âge, 1200 livres.)

La maison conventuelle et sept autres articles qui en dépendent sont adjugés, le 30 juillet, à Jean-Baptiste Turquetit, architecte de Pontivy, pour la somme de 24400 livres.

Le 28 novembre suivant, le duc de Rohan meurt à Nice. Louis- Marie-BretagneDominique de Rohan Chabot est le dernier titulaire du fief. L'abbaye de Bon-Repos – fondée par son lointain ancêtre – disparaît donc en même temps que lui.

Un peu plus tard, Julien Le Bris, « toileux d'importance et sans- culotte de stricte obédience » rachète le domaine à Turquetit – et y installe une manufacture de toiles.

Le début de l'exploitation se passe bien. Le Bris réside d Laniscat et milite en faveur des idées révolutionnaires. Son zèle est récompensé le 10 Pluviôse an II (29 janvier 1794) lorsque le District de Rostrenen le nomme maire provisoire de sa ville.

Mais son attitude et la présence en forêt de Quénécan de groupes de Chouans vont lui valoir bien des soucis. On ne peut plaire aux deux partis et, dès Nivôse an II (décembre 1793-janvier 1794), une centaine de Chouans envahissent la manufacture et s'emparent de 1500 francs en espèces et des armes et munitions qui s'y trouvent. Le 17 Prairial suivant (5 juin 1794) Le Bris se plaint que « cinq scélérats » cherchent a l'assassiner. Puis, dans la nuit du 8 au 9 Nivôse an III (28 au 28 décembre 1794) quatre Chouans armés s'introduisent dans l'ancien monastère et volent 3000 aunes de toiles de Bretagne, d'une valeur de 15000 francs, qu'ils emportent sur leurs chevaux.

Et M. Le Bour'his-Kerbiziet raconte :

« La vie n'est plus tenable. Julien Le Bris adresse des appels désespérés au Directoire de Saint-Brieuc et au général commandant les troupes des Côtes-du-Nord. Il réclame une garnison à Laniscat, et propose sa maison comme caserne. Réponse négative : « Il n'y a pas assez de troupes dans le département! »

« Mais les chouans n'ont pas perdu de vue cette enclave révolutionnaire en pleine Cornouaille royaliste. Ils décident de la liquider une bonne fois et organisent une véritable expédition.

« Ils réquisitionnent des charrettes, et les 20, 21 et 22 Nivôse, ils envahissent, une fois de plus, le tissage. Ils ont vite fait de briser les machines, de charger toiles et mobilier sur leurs voitures et de les mettre en sûreté Puis, su lieu de s'égailler, suivant leur habitude, après cette fructueuse expédition, ils vont boire et festoyer sur place, pendant trois jours, en compagnie du nouveau maire et des principaux notables de Laniscat, s'il faut en croire les déclarations de la victime. Une fois de plus, les Chouans cherchent Julien Le Bris pour le fusiller; il saute par la fenêtre et leur échappe de justesse.

« Une tradition solide affirme qu'il dut se sauver en chemise et qu'il courut d'un trait jusqu'à Rostrenen, dans cet appareil sans gloire.

« Du même coup, cet industriel aux initiatives hardies renonce à ses projets. Il se retire au château de Rostrenen, acheté, lui aussi, comme bien national. Il assignera la commune de Laniscat en paiement de 153866 livres, montant du préjudice qu'il dit avoir subi. Avec des fortunes diverses, ce procès durera plusieurs années.

« A dater de ce pillage, l'abbaye est abandonnée. Elle ne sera plus occupée que par les « sans-logis » de passage et par les Chouans, qui ont pris goût à ce casernement sûr et gratuit. Ils y reviendront souvent. »

En mars 1797, le District de Rostrenen charge le citoyen Gardot, « ex-moine », de dresser l'inventaire de la bibliothèque de l'abbaye. Les riches volumes sont alors transportés à Rostrenen. Vendus à vil prix, une partie des livres de foi et des incunables sont transformés en cornets pour la vente du tabac...

La 7e Division Chouanne de Debar contrôle la région de Quénécan et Bon-Repos en 1798. L'année suivante, l'ancienne abbaye sert un moment de quartier général à l'Etat-Major de la 8e Légion de l'Armée Catholique et Royale qui « chouanne » dans la région de Cléguérec, Guémené et Melrand.

Au début du Consulat, en 1800, les Chouans cantonés a Bon-Repos rançonnent les localités voisines.

En mai, Guillemot, « le roi de Bignan », récupère dans la forêt de Bon-Repos des armes qui y avaient été camouflées précédemment. Grâce à elles il réorganise plusieurs bandes et prépare le retour en Bretagne de Georges Cadoudal.

Au même moment, les rapports de police signalent la présence du général Debar et du Faou de Kerdaniel dans les bâtiments de l'abbaye.

Enfin, en juin, Viret, agent de Fouché, chef de la Sûreté, déclare que la forêt de Bon-Repos regorge d'armes...

Vestiges du cloître
au début du XXe siècle.

L'outrage des ans

Le calme revenu, de 1806 à 1835, la fabrique de Saint-Mayeux, près de Corlay, vient s'approvisionner en matériaux à Bon-Repos pour la reconstruction de son église qui vient de s'écrouler. En 1805, la croix de l'ancienne abbaye est également transférée au cimetière du lieu.

En 1808, les boiseries du choeur de l'église et la crosse ciborium sont offertes par M. Lohan à l'église paroissiale du Quillio, ainsi qu'un lutrin et trois confessionnaux.

Le Bris meurt en 1818 et – selon la tradition locale – une de ses filles, Mme Fraboulet, vend alors « à tout venant, des pierres de taille, à prendre librement sur place, au prix de un franc la charretée ». Et, bien entendu, ce sont les plus belles pierres qui partent, en particulier le granit de l'église abbatiale et du cloître. En effet, si le schiste abonde dans les alentours, le granit est quasiment introuvable à moins de 20 à 25 kilomètres.

Un officier pontivyen, M. Théodore Le Puillon de Boblaye visite Bon-Repos vers 1825 et réalise une splendide vue artistique des ruines. (Ce document est heureusement parvenu jusqu'à nous et constitue un précieux témoignage sur l'état de l'abbaye à ce moment.)

En 1827, M. de Gabary passe, lui aussi, à Bon-Repos. Il écrit : « Lorsque je visitais les ruines, elles étaient occupées par un ecclésiastique dont l'esprit était à peu près aliéné. Il vivait dans la prière, fuyant la société des hommes et se nourrissant comme un animal immonde, Quoique interdit, il disait la messe dans une espèce de crypte. Je l'entrevis, mais il m'aperçut, s'échappa et disparut dans les ruines. »

Hippolyte Violeau cite les dires d'un petit paysan rencontré à l'abbaye en 1834 : « On lui avait parlé d'un homme habillé de noir, et qui, il y a une vingtaine d'années, vivait dans ces ruines comme une bête sauvage, n'adressant la parole à personne, ne demandant aucune nourriture, couchant sur la terre nue, objet de terreur, bien qu'ii n'eut jamais fait de mal à personne. »

Il s'agit du même homme : un prêtre morbihannais, l'abbé Gicquello, auteur d'une *Vie de Jésus-Christ*, écrit en breton et éditée à Lorient en 1818. L'ouvrage et l'auteur avaient encouru les censures de l'autorité ecclésiastique, et le malheureux abbé s'était condamné lui-même à la pénitence perpétuelle, dans la solitude de l'abbaye abandonnée.

A partir de 1832, le creusement du canal de Nantes à Brest « amène dans la région des milliers de travailleurs. Dans les pièces encore intactes, l'administration des Ponts-et-Chaussées installe ses nombreux employés et y loge leurs familles. Elles vont y rester plusieurs années. »

Cayot-Délandre affirme en 1847 : « Les bâtiments de cette antique abbaye sont aujourd'hui dans un état, non pas de ruine, mais de complète dévastation. L'église, monument très remarquable et qui datait probablement du XIIIe siècle, a été démolie; quelques colonnes du choeur, quelques pans de murs, quelques fenêtres à ogive romane existent encore et font déplorer la perte d'un édifice dont les analogues deviennent de jour en jour plus rares. Quant au couvent lui-même, on s'est contenté jusqu'ici d'en enlever la couverture, les plombs, tout ce qui pouvait offrir à la spéculation du nouveau possesseur quelque chance de profit... »

« En 1851, Charles de Montalembert, l'auteur des « Moines d'Occident », séjourne au manoir de Coëtdrezo, tout proche de Bon- Repos. Il ne manque pas de visiter l'abbaye. Il est stupéfait du bon état où il la trouve, aprés un demi-siècle d'abandon. Il apprend que les propriétaires, MM. Fraboulet et du Clézio, gendres de Julien Le Bris, sont disposés à vendre. IL exprime ses regrets de ne pas l'avoir su plus tôt, car il se serait certainement porté acquéreur; mais il vient d'acheter un grand domaine en Alsace, et ses disponibilités sont épuisées. Cette même année 1851, le comte de Janzé, propriétaire de la forêt de Quénécan, dans laquelle l'abbaye se trouve alors encastrée, s'en rend acquéreur. »

A ce moment, de l'église, seul le choeur est encore debout; les bâtiments conventuels sont déjà ruinés et l'ancien cadastre de Saint-Gelven les qualifie de « masures ».

En 1859, Violeau écrit à leur sujet : « Cette décrépitude soudaine donne aux ruines austères je ne sais quoi qui glace le coeur. Un monceau de terre et des pierres mêlées à des touffes d'ortie couvrent les degrés brisés de la porte au-dessus de laquelle on remarque la niche vide de Notre-Dame et la mitre mutilée de l'Abbé! A l'intérieur, le cloître n'est plus que débris, piliers chancelants ou abattus, murs lézardés et croulants, et encore on se prend à regretter de voir tant de ces piliers, tant de ces murs debout en lisant les inscriptions qui les salissent!... On l'a dit, il y a longtemps, les hommes et les années s'y prennent différemment pour détruire : les premiers souillent tout ce qu'ils veulent abattre, quand le temps, au contraire, donne une majesté nouvelle à la ruine qu'il va renverser. »

En 1861, « des recherches consciencieuses sont faites dans 1e sol de l'abbatiale et on retrouve les tombes des moines parfaitement conservées. Il est certain qu'alors, n'ayant point connaissance du procès-verbal de 1732 et de l'emplacement des enfeus de Rohan, on confondit les sépultures des fondateurs avec celles des religieux. Tous les ossements retrouvés furent pieusement recueillis et déposés en terre bénie, au cimetière de Saint-Gelven, paroisse actuelle de Bon-Repos. Telle fut la fin de si nobles cendres et de si pieux souvenirs. »

Le Guide Joanne pour l'année 1867 nous indique qu'à cette date « les bâtiments sont dans un état non pas de ruine, mais d'affligeante dévastation. » Des débris de l'église « subsistent » mais le « cloître et les bâtiments conventuels sont privés de toiture. » Un autre auteur affirme pourtant qu'en 1896, les bâtiments sont encore couverts de toitures en ruine, tandis que « la végétation et les intempéries poursuivent inexorablement leur oeuvre destructrice ».

Hervé du Halgouët écrit en 1924 : « Tout ce qui pouvait indiquer le caractère architectonique de Bon-Repos, aux XIIe et XIIIe siècles, a disparu, si ce n'est une partie d'un bas-côté de l'église, avec un pilier. L'édifice du XVIIIe siècle subsiste encore imposant, mais le deuil et la tristesse ont à tout jamais envahi les ruines du monastère; le lierre conquérant étend son linceul sur les deux façades principales donnant sur le Blavet, au point que les lignes en sont à peine visibles. »

Depuis les lignes écrites en 1859 par Violeau, « bien des pierres se sont détachées encore de l'édifice et la niche de Notre- Dame a été submergée par la verdure profanatrice. Dans le décor des eaux, des bois et des montagnes où la Providence avait placé la bienheureuse abbaye de Bon-

Repos, au milieu de cette nature forte, on retrouve encore l'empreinte des goûts raffinés du grand siècle de l'art; ce n'étaient à l'entour du monastère que terrasses, ravines, charmilles et vastes jardins étagés. »

Malgré cela, le temps continue à combattre les ruines de la célèbre abbaye et, en 1940, Auguste Dupouy nous décrit ce qu'il en reste : « On passe un vieux pont garni d'herbes et de mousses, et l'on arrive à Bon-Repos... Bon-Repos n'est plus qu'une ombre de monastère. La classique façade disparaît à demi sous le lierre, l'intérieur est devenu la proie des ronces et des arbres, qui poussent leurs branches aux fenêtres sans vitres. Seuls les communs sont occupés. Mais quel site admirablement choisi! Rien n'en devait troubler la paix profonde et confortable! »

En 1976, les autorités départementales s'inquiètent de l'état des ruines et le Syndicat Intercommunal s'engage à déboiser et à rendre accessibles les bâtiments subsistant.

Les ruines sont partiellement déblayées en 1980, et des visites guidées sont alors organisées durant la saison estivale. Une exploitation agricole occupe les communs. Elle cède peu après la place à un hôtel-restaurant.

Vue aérienne avant mise en place des toitures.

Bon-Repos : calme parfait

Le huitième centenaire

Il est célébré avec faste le samedi 7 et le dimanche 8 juillet 1984.

Le samedi, à 16 heures, dans une grande salle du restaurant de l'abbaye, un colloque historique – placé sous le patronage de « Dalc'homp sonj » (Souvenons-nous) – rassemble autour de quatre conférenciers, près de 200 personnes. L'histoire de l'abbaye est évoquée pendant prés de trois heures. A proximité, on peut voir une exposition consacrée à la vie monastique, à Bon-Repos et aux Rohan.

A 21 heures, une veillée monastique attire environ 300 personnes : procession avec la statue de Notre-Dame de Bon-Repos et célébration liturgique à l'intérieur même de l'abbaye. Au total, un millier de visiteurs ce jour-là.

Le dimanche, la fête est placée sous la présidence de Mgr Kervennic, évêque de Saint-Brieuc et de Dom Claude Richard, abbé de Notre-Dame de Timadeuc. Ils sont entourés d'une dizaine de prêtres pour la célébration de la grand messe solennelle, célébrée, à 10 heures 30, sur un bel autel de schiste placé sur le vaste terre-plein devant la façade de l'abbaye. Derrière l'autel se dressent les statues du monastère, disséminées maintenant dans les paroisses avoisinantes, et revenues chez elles pour l'occasion.

Le duc Josselin de Rohan, descendant et successeur du fondateur, lit l'acte de fondation de 1184.

Un millier de fidèles assistent, de la prairie, à cet office anniversaire, rehaussé par les chants d'une chorale de quarante exécutants.

A 15 heures 15, vêpres solennelles, allocution et jeu scénique retraçant l'histoire de l'abbaye... binious, bombardes... et deux mille visiteurs (parmi lesquels de nombreuses personnalités officielles).

Bon-Repos aujourd'hui

A partir de l'été 1986, les Compagnons de Bon-Repos (parmi lesquels figurent un certain nombre d'élèves des Beaux-Arts) – aidés par l'Association « Breiz Santel » – entreprennent sur le site un nettoyage systématique, une consolidation des vestiges, ainsi que des fouilles archéologiques. Des résultats spectaculaires et encourageants sont rapidement obtenus : débroussaillage des façades, dégagement du cloître jusqu'à son niveau d'origine, mise au jour du colombier, nettoyage de la partie est du mur de soutènement de la terrasse, etc.

Puis c'est la restauration même de l'édifice qui est entreprise progressivement, avec un soin extrême et sous le contrôle des spécialistes de la Direction des affaires culturelles et des monuments historiques. Actuellement, environ un quart des bâtiments a retrouvé un toit. Cette partie abrite une petite exposition et les guides des Compagnons de Bon-Repos qui assurent des visites commentées du site.

L'endroit est toujours aussi calme et aussi reposant. Quel merveilleux but de promenade!

Sur place, on peut encore admirer les murs du couvent, qui forment un vaste quadrilatère d'environ 40 mètres sur 40.

Au centre se trouve le cloître, dont il ne subsiste qu'une arcade et un pilier.

A l'intérieur, on peut voir, en façade, les emplacements du vestibule et du logis abbatial : procure, salle, salon – dans l'aile Est, ceux de la cuisine, de la dépence, des chambres d'hôtes – dans l'aile Nord, un passage, des caves et les « commodités ». L'aile Est donne accès à l'église abbatiale, très vaste (48 mètres dans sa plus grande longueur, 35 mètres de large au transept).

De l'église primitive du XIIIe siècle restent le mur Sud du choeur et le pignon du bras Sud épaulé d'un contrefort. La grande arcade du collatéral Sud et les piliers Sud de la croisée datent du XIVe siècle. La grande fenêtre haute (qui a perdu son remplage) est de la même époque.

Alain III de Rohan et Constance de Bretagne, fondateurs de l'abbaye en 1184.

Vues générales de l'abbaye.

Les vestiges architecturaux

Mur nord.

Transept sud.

Mur d'ogives du transept sud de l'église abbatiale avant restauration.

Côté sud envahi de lierre.

Vue aérienne avant restauration.

Façade est après restauration des ouvertures.

L'abbaye vers 1825 (aquarelle de Théodore de Puillon de Boblaye).

Les vestiges du mobilier

Église du Quillio

Aigle-lutrin

Ciborium

Autel (détail).

Notre-Dame de Bon-Repos
(église de Lescoët-Gouarec).

Notre-Dame de Bon-Repos
revenue à l'abbaye en 1984 à
l'occasion du huitième
centenaire de la fondation.

Célébration du huitième centenaire de la fondation le 8 juillet 1984 : le duc de Rohan lit l'acte de 1184.

Le porche d'entrée de l'abbaye.

A l' extérieur, sur la terrasse, se trouvent les vestiges du colombier. Les communs, qui abritaient jadis les écuries, datent du XVIIIe siècle, et hébergent l'hôtel-restaurant de l'abbaye.

Ce qu'on appelle encore « la métairie de la Porte », et qui fait suite à la belle allée très ombragée qui mène aux ruines, doit son nom au portail qui s'ouvre sur la cour. L'ensemble a été édifié au XIVe siècle, mais il semble que le portail ait été déplacé de quelques mètres, probablement au XIXe siècle.

Enfin, il y a la forêt proche, la rivière bruissante et le vieux pont qui la chevauche – et qui vaut à lui seul le déplacement.

L'endroit est devenu le paradis des pêcheurs à la ligne et des touristes avides de tranquillité.

De plus on peut pousser la promenade et partir – dans les alentours – à la recherche du mobilier de l'ancien couvent. Il mérite bien quelques heures – et sa contemplation permet de mieux se rendre compte de ce que fut jadis l'abbaye de Bon-Repos.

- Au cimetière de Saint-Gelven (3 km à l'Est) se trouvent les reliques des Rohan jadis inhumés à Bon-Repos.

- A l'église paroissiale de Saint-Guen (16 km à l'Est), plusieurs statues proviennent de l'abbaye.

- A Saint-Mayeux (12 km au Nord-Est), on retrouvera au cimetière, la croix du monastère.

- L'église paroissiale du Quillio (18 km au Nord-Est) abrite, en provenance de Bon-Repos : l'autel de marbre de différentes couleurs, la crosse et la cloche-ciborium, le lutrin à aigle liturgique, les boiseries, les stalles des moines, les confessionnaux.

- Les statues en granit polychrome de Saint-Pierre et de Saint- Fiacre se trouvent à l'église paroissiale de Plélauff (9 km à l'Ouest).

- A l'église paroissiale de Lescouët-Gouarec (17 km au Sud-Ouest) on peut voir plusieurs statues provenant du monastère, dont celle de Notre-Dame de Bon-Repos.

Enfin, en allongeant la promenade, on retrouvera :

- à l'abbaye de Langonnet (35 km au Sud-Ouest), un lion de pierre.

- à l'abbaye de Boquen (70 km au Nord-Est) des stalles et quelques vestiges de la bibliothèque de Bon-Repos.

Charte de fondation de l'abbaye

Aux fidèles présents et futurs, Alain, vicomte de Rohan donne son salut. Sachez qu'après l'avoir décidé en accord avec ma femme Constance, pour le salut de mon âme et de la sienne, ainsi que pour celui de mes ascendants et de mes descendants, j'ai fondé l'abbaye de Bon-Repos et j'ai décidé d'y avoir ma sépulture, mon fils Alain également.

Et pour que cette abbaye, les moines et les frères convers qui l'occupent puissent conserver en paix et tranquillité pour l'éternité toutes les possessions que je leur ai accordées ou celles que les hommes de mon sang ont accordées, j'ai voulu qu'elles fussent déclarées formellement en leur nom propre et notées sur la présente page.

C'est pourquoi cette même abbaye a six fermes dont les limites sont ainsi déterminées : depuis le pré qui jouxte l'église de Saint-Julien en montant jusqu'aux croix de Troguenant et de là en descendant jusqu'au cours d'eau appelé Blavet par la limite des terres.

J'ai accordé trois de ces fermes en donation perpétuelle; les trois autres, Saliou, Juikel et Gaudefroy, fils de Morvan, les ont données avec mon accord.

J'ai donné à l'abbaye précitée et aux moines deux fermes près de Kenestevo où est sise l'église Saint-Michel. J'ai aussi donné à l'abbaye précitée et aux moines, dans ma forêt de Quénécan, du bois vert pour construire et réparer les maisons et les moulins et toutes les dépendances de l'abbaye, et du bois mort et sec pour le feu et tous les autres besoins et de l'herbe à faucher.

J'ai aussi permis aux moines précités d'avoir leurs propres porcs dans ma forêt sans droit de pacage, quand mes porcs y seront; même quand ils n'y seront pas, ils pourront envoyer librement leurs porcs dans cette partie de la forêt qui est au-dessus de la route de Perret.

J'ai aussi donné aux moines précités le cours d'eau du Blavet, les deux rives, à travers tout mon domaine de

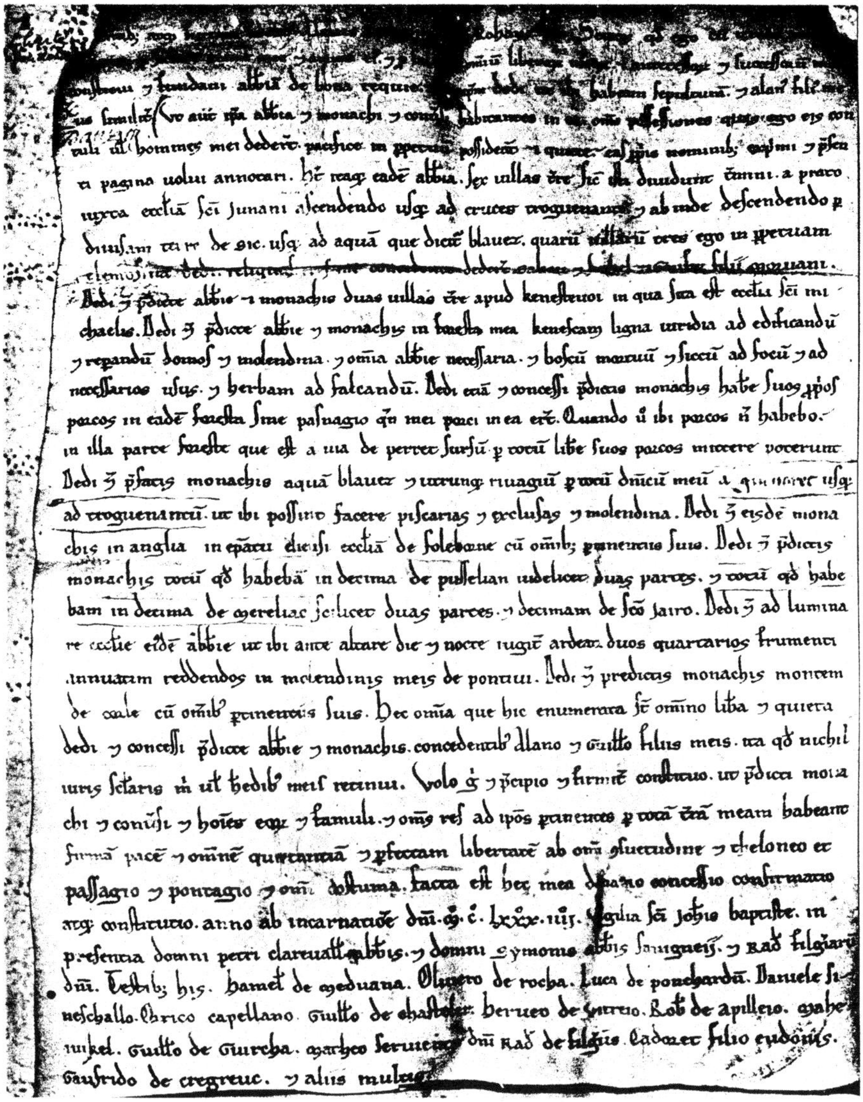

Charte de fondation
de l'abbaye (1184).

Gouarec à Troguenant pour qu'ils puissent y faire des viviers, des écluses et des moulins.

J'ai aussi donné à ces mêmes moines en Angleterre dans l'évêché d'Eliens, l'église de Foleborne avec toutes ses dépendances.

J'ai aussi donné aux moines précités tout ce que j'avais dans la dîme de Pusselian, c'est-à-dire deux parts et tout ce que j'avais dans la dîme de Mereliac, c'est-à-dire deux parts et la dîme de Saint-Jaire.

J'ai aussi donné pour le luminaire de cette même abbaye pour qu'il brûle nuit et jour devant l'autel, deux mesures de blé par an à remettre dans mes moulins de Pontivy.

J'ai aussi donné aux moines précités la colline de Corlay et tout ce qui s'y rattache. Tout ce qui a été énuméré ici a été donné en libre et tranquille propriété à l'abbaye précitée et à ses moines avec l'accord de mes fils Alain et Guillaume, sans rien retenir de droit séculier pour moi ou mes héritiers.

Donc, je veux, je commande et je décide fermement que les moines précités, les frères convers, leurs serviteurs et tout ce qui les touche aient à travers toute ma terre une paix assurée, une totale liberté, sans avoir à verser d'impôt, de droit de routage et de pontage.

Ma donation, concession et décision ont été faites en l'an 1184 depuis l'Incarnation de Notre-Seigneur la veille de la fête de Saint-Jean-Baptiste en présence de :

- Dom Pierre, Abbé de Clairvaux, – Dom Simon, Abbé de Savigny, – Rodolphe, Seigneur de Fougères.

En présence des témoins :

- Hamelin de Meduana
- Olivier de La Roche – Luc de Pontchardon
- Daniel, sénéchal
- Orric, chapelain
- Guillaume de Chateaulin
- Hervé de Vitré
- Robert de Apillio
- Mahé Juikel
- Eudon
- Gaudefroy de Tregreuc

et de nombreux autres,..

(Archives départementales des Côtes-du-Nord)

Les abbés de Bon-Repos

1 LUCAS (LUC DE PONTCHARDON) à partir de juin 1184. Signataire de l'acte de fondation. Il est cité dans une donation à l'abbaye de Savigny par Alain de La Zouche et Alexis de Beumez. Il décédeRa avant 1195.

2. GAUTHIER, mentionné dans une donation en 1210.

3. RICHARD jusqu'en 1213. Fait augmenter, cette annéelà, la fondation du monastère par Josselin de Rohan.

4. GUILLAUME Ier, à partir de 1213. Il cède à l'abbaye de Saint- Serge d'Angers, l'église de Fundraitone en Angleterre.

5. GEOFFROI est cité dans des actes de 1221 et 1231.

6. VALTUS, cité en 1238.

7. GUILLAUME II, cité en 1246.

8. RIVALLON, abbé de 1248 à 1288, est cité dans un acte de 1274 et rend aveu au Vicomte Alain VI de Rohan en 1288.

9. AUFRAI ou AUFREDE, est cité en 1305 et dans un acte de 1323 concernant les coutumes du bourg de Miniac, ainsi que dans le compte-rendu de l'enquête faite en 1330 pour la canonisation de Saint-Yves.

10. HENRI DAVID, de 1356 à 1362.

11. GUILLAUME III DE QUEMPER (de 1362 à 1381) accepte, le 2 mai 1373, une fondation de deux messes par semaine, faite en son église par Jean Ier de Rohan. Il s'oblige, le 28 août 1381, à dire une messe par semaine pour le duc Jean IV le Conquérant.

12. YVES Ier DE QUEMPER (1392-1410) rend aveu au Vicomte de Rohan en 1392 et 1393. Il est l'un des exécuteurs testamentaires du connétable Olivier de Clisson en avril 1407. Son nom figure sur un acte de 1410.

13. YVES II MALESCOT (1424-1443) tient le siège abbatial en 1424. Il prête serment devant la Chambre des Comptes le 8 octobre 1425 – et est toujours abbé de Bon-Repos en 1443.

14. HENRI II LE BARBU est cité dans un acte de 1451. Il résigne ses fonctions le 9 mars 1464, en se réservant une pension.

15. ALAIN DE PENGUILY, pourvu après la résignation de son prédécesseur, doit se soumettre à l'autorité du Vicomte de Rohan. Il est autorisé à prendre possession le 31 mai 1465. Il est par la suite interdit par l'abbé de Boquen, avant de résigner en 1483.

16. HENRI III DU BOISBERTHELOT (1484-mort en 1502) est cité dans un acte de Blois en 1484.

17. YVES LORET est cité dans un acte daté de 1501.

18. GUILLAUME IV LE FEUVRE, abbé de 1505 à 1507.

l9. HERVE DE LANNION (1524-1533) succède au précédent. Il est cité dans un acte de 1526. Il décède à la fin de 1534.

20. RENAUD BOCHETEL, archidiacre d'Angers, tuteur de René ler de Rohan, est nommé premier abbé commendataire par le roi François ler fin 1534, prend possession en janvier 1535, mais meurt en avril 1536.

21. GUILLAUME V DU COSSE LATERANUS (1537-1562) est cité dans un acte du 3 octobre 1537, puis dans des actes de 1541 et 1549. Il meurt en 1562. Parfois nommé : GUILLAUME DE TREANNE ou LETARAMUS.

22. JEAN Ier ROUSSELET (1563-1579), clerc et sommelier de la chapelle et oratoire du Roi, lui succède. Il est cité dans un acte de 1563, assiste aux Etats de Vannes en 1567 et meurt en 1579.

23. FRANCOIS LE NY est nommé en 1579, et se démet en 1606.

24. ANTOINE DE MORRI DE LA VALLIERE, pourvu en 1606.

25. GUILLAUME VI DE PEYRAT est en possession en 1609.

26. MICHEL LE ROY est nommé, mais ne prend pas possession.

27. CLAUDE Ier DE GUILLIER, religieux de Cîteaux, cité dans un acte de 1613.

28. CLAUDE II DE GUILLIER, neveu du précédent, religieux de Bon- Repos, est en possession en 1634. Il assiste aux Etats de Rennes en 1645 et meurt en 1646.

29. MICHEL MAZARIN, religieux dominicain, archevêque d'Aix et cardinal de Sainte-Cécile, frère du célèbre

cardinal, cité dans un acte de 1647. Il meurt à Rome le ler septembre 1648, à l'âge de 41 ans.

30. OLIVIER LUZENAC est abbé de Bon-Repos en 1653, année où il assiste aux Etats de Fougères.

31. OLIVIER LE BARBU est cité dans un acte de 1656.

32. HENRI IV FRANCOIS ROUGE DU PLESSIS-BELLIERE représente l'abbaye (où il réside) aux Etats de Dinan en 1669. Par la suite il abandonne l'état Ecclésiastique pour faire carrière dans l'armée de Louis XIV.

33. N. ROUGE DU PLESSIS-BELLIERE succède à son frère.

34. PHILIPPE-ALEXANDRE DE MONTAULT-NAVAILLES DE SAINT-GENIES (ou DE SAINT-GENEST) est nommé en 1683, réside à l'abbaye et y meurt en 1734.

35. JACQUES DAVID DE MENOU, vicaire général de Nantes, est pourvu en juillet 1734. Il meurt le 28 septembre 1760.

36. FRANÇOIS II ALLAIRE, précepteur du Duc de Chartres, futur Duc d'Orléans, devient abbé en 1761. Il meurt en 1776.

37. JEAN-HYACINTHE COLIN DE LA BIOCHAYE, vicaire général de Dol, est mis possession en 1776. Il représente l'abbaye aux Etats de Bretagne en janvier 1789, mais est dépouillé en 1790. Il émigre alors à Jersey, où il meurt en 1796.

De gauche à droite : sceaux de
l'abbaye; de l'abbé Yves II
Malescot, de la juridiction
de Bon-Repos (1428).

La restauration

par Gilles Rihouay

Depuis un siècle et demi, malgré quelques interventions sporadiques, malgré la réintégration des restes de l'ancienne abbaye au domaine des Forges et de Quénécan, l'aggravation de la ruine a continué inexorablement. De l'heureuse surprise de Montalembert (1851) au triomphe de la végétation, puis à l'espérance de l'abbé Failler, si opportunément rappelées par Charles Floquet, les visiteurs ne manquèrent pas. Ils étaient partagés entre l'admiration pour ces vestiges encore grandioses et l'indignation.

C'était les éléments de granit qui avaient été d'abord objet de convoitise, puisque ce minéral fait défaut dans le proche voisinage. L'architecte Turquetit ne s'y était pas trompé. Bien entendu, les magnifiques structures d'église gothique avaient été les premières victimes, l'acharnement anti-religieux aggravant le mouvement. Les arcades du cloître avaient suivi. Mais aussi les encadrements de portes et fenêtre, à l'arrière du moins, un certain sentiment de culpabilité semblant avoir freiné les pilleurs.

Heureusement le palais abbatial, le plus apparent aux premiers regards, leur avait échappé. C'est ce qui nous permet aujourd'hui de bénir l'ouvrage du fameux abbé commendataire ! Mais la végétation était restée sans frein.

Dans la troisième décennie du XXe siècle, les services des Monuments historiques constatèrent l'urgence d'intervenir et de faire en sorte que les ruines de Bon-Repos soient « débarassées des lierres qui risquaient d'ensevelir à jamais leurs derniers murs », comme nous en informe M. du Halgouët, en 1924. Et le classement de nos vestiges était à l'ordre du jour.

Un arrêté ministériel intervint, le 5 janvier 1940, pour une inscription à l'Inventaire supplémentaire des monuments historiques, qui devait être complété par un arrêté du préfet de région du 23 février 1990.

Entre-temps, dans les années 70, quelques responsables locaux s'avisèrent qu'il était possible, au moins, de stopper la dégradation du site. Le Syndicat intercommunal d'étude et d'aménagement touristique du canton de Gouarec (SIDET) s'intéressait à l'abbaye et en obtenait la promesse d'un bail lui permettant d'engager les travaux nécessaires au dégagement et à la consolidation des bâtiments, dans une préoccupation de sécurité des visiteurs, toujours attirés par ce site exceptionnel.

En 1984, la célébration solennelle du huitième centenaire de l'abbaye, devant un ensemble monumental déjà partiellement dégagé, fut un nouveau rappel de la gravité du problème.

Sous l'impulsion de quelques pionniers, se forma le projet d'une association solide et pérenne, encouragée par la famille propriétaire du lieu.

Ainsi naquit, le 12 mars 1986, l'association des Compagnons de l'abbaye de Bon-Repos, dont les buts sont : la sauvegarde, la protection, la restauration de l'abbaye, l'animation, la conservation du site, le développement culturel et touristique du secteur.

Dès le 22 mai suivant, Madame Le Cour Grandmaison-du Pontavice, propriétaire, consentait un bail emphytéotique de 99 ans à l'association, en vue de travaux et soins correspondant à ses buts.

Commencèrent immédiatement dégagement et consolidation, principalement animés par les Compagnons fondateurs, au premier rang desquels étaient Maurice Le Gallic, président, Loïc Hénaff, trésorier et Hervé Pochon, vice-président.

L'association Breiz-Santel, coutumière de ces interventions sur les édifices religieux de la région, apporta un soutien de qualité. Journaux et revues attirèrent l'attention sur les travaux. Des aides d'entreprises et de particuliers se révélèrent efficaces. En 1987, étaient restaurées, en priorité, les encadrements de portes et fenêtres.

Le résultat fut suffisamment spectaculaire pour que Bon-Repos reçoive, en 1988, la visite de Pierre Lagarde, le dévoué protecteur des « chefs-d'œuvre en péril ». L'année suivante, le ministre Jack Lang remettait aux Compagnons le second prix national, récompensant le travail accompli.

Dans le même temps, se constituait une équipe nombreuse et rapidement passionnée, qui reçut les conseils de metteurs en scène expérimentés pour monter un spectacle son et lumière, en début août de chaque année. Les spectateurs se comptèrent tout de suite par milliers. Texte et scénario attiraient l'attention sur l'histoire du lieu et l'intérêt de soutenir l'œuvre engagée. Rapidement, l'importance de l'entreprise, en moyens et personnels (350 bénévoles), nécessita la création d'une association indépendante, dénommée aujourd'hui « Les Racines de L'Argoat », présidée avec autorité par Hervé Pochon, compagnon des tout débuts, impliqué passionnément et artistiquement, de multiple façon, dans la restauration de sa chère voisine.

Les services des Affaires culturelles s'intéressaient très activement à Bon-Repos et Mme Geneviève Le Louarn, conservatrice régionale, rédigea un texte d'histoire et d'actualité qui permit la publication d'une plaquette de grand succès. Grâce à son intervention, une étude technique fut établie par M. Perrot, architecte en chef des Monuments historiques, ouvrant des perspectives sur lesquelles s'appuient toujours les travaux des Compagnons, travaux suivis, à leur grande satisfaction, depuis plusieurs années, par M. Lagneau, également architecte en chef, et par ses collègues des Bâtiments de France.

Le soutien des autorités locales, départementales, régionales, nationales et européennes a permis, d'entreprendre et de réaliser, toujours avec un souci de ponctualité rigoureuse, les différentes tranches d'exécution qui se succèdent depuis les débuts de l'association. On en est aujourd'hui à la huitième et le dossier de la neuvième est en cours d'examen. Le total est impressionnant.

Mais les résultats aussi impressionnent. Il fallait une foi et une espérance bien établies, entraînées par celles de nos promoteurs, pour croire à ce que nous voyons actuellement : la moitié du cloître reconstitué, les murs de l'étage aussi, le tiers des charpentes et des toits magnifiquement rétabli, l'aménagement intérieur en cours, les possibilités nouvelles d'animations assurées.

Une étude approfondie et sérieuse vient d'être présentée, tant aux Compagnons qu'à leurs interlocuteurs tutélaires, par Mme Dumeige, spécialiste, sur les possibilités d'avenir du lieu. Elle se révèle encourageante.

Tout cela n'a été possible que grâce à une mobilisation importante de bénévoles, de responsables locaux et régionaux motivés, et au soutien des élus comme des services administratifs, et encore à l'intérêt que porte à Bon-Repos l'ensemble de la population environnante, consciente de l'attrait que peut représenter cet établissement à la fois artistique, historique et culturel en plein centre d'un Argoat qui en a bien besoin.

Est à saluer particulièrement le soutien assidu de l'association de Sauvegarde du patrimoine français, ainsi que celui de divers organismes à vocation touristique.

Les manifestations diverses se succèdent, depuis quelques années, sur le site : expositions, pardons, concerts, conférences, randonnées, etc., toutes encouragées par les visites de personnalités et associations diverses. En 1994, le ministre de la Culture, Jacques Toubon, honorait l'abbaye de sa visite.

En 1994 également, paraissait le livre de François Moal, *Bon Repos, une Abbaye pour la paix*, fruit d'érudition et recherches admirables, relatant le contexte historique de la fondation, en particulier les relations avec l'Angleterre et tous les incontournables Plantagenêt de l'époque, attira fructueusement l'attention des lecteurs avertis.

Les eaux du Blavet canalisé tout proche se sont ornées récemment d'un bâtiment important de navigation fluviale, une vedette qui arbore fièrement le nom de l'épouse du Vicomte de Rohan, seigneur du lieu et fondateur de l'abbaye: Constance de Bretagne, rebaptisée ici *Constance de Bon Repos*. Cette vedette renforce l'armement Boscher, qui navigue entre le lac de Guerlédan et l'anse de la Pitié, en Mellionnec, en attendant mieux. Le bâtiment eut comme marraine Madame la duchesse de Rohan et comme parrain Patrick Poivre d' Arvor.

Un personnel de qualité, non seulement motivé mais passionné et dévoué à l'œuvre commune, assume courrier, communications diverses, conception de documents, permanences, accueil et visites. Quatre emplois sont ainsi assurés, à ce jour.

Maurice Le Gallic, sollicité par d'autres engagements, n'ayant pu continuer son rôle d'animateur, après celui de promoteur de l'œuvre, Christian Chevance en a assumé la charge pendant près d'une dizaine d'années et vient de laisser la présidence de l'association des Compagnons à Madame Marilyn Le Moign, de Gouarec, dont l'équipe se renforce en se renouvelant, progressivement.

Les Compagnons de l'abbaye de Bon-Repos continuent, avec la même foi et la même espérance, si nécessaires face au projet, appelant à la charité de leurs amis et, peut-être, des générations à venir ...

Mais, sans attendre l'accomplissement d'une restauration complète de l'abbaye, ils ont dès maintenant, en ce début de l'an 2001, l'assurance de pouvoir en faire très bientôt, en plein centre de Bretagne, un lieu d'accueil et de culture digne de l'ambition des fondateurs et de l'attente de nos contemporains.

Plan au sol de l'Abbaye de Bon Repos au 31 décembre 2001

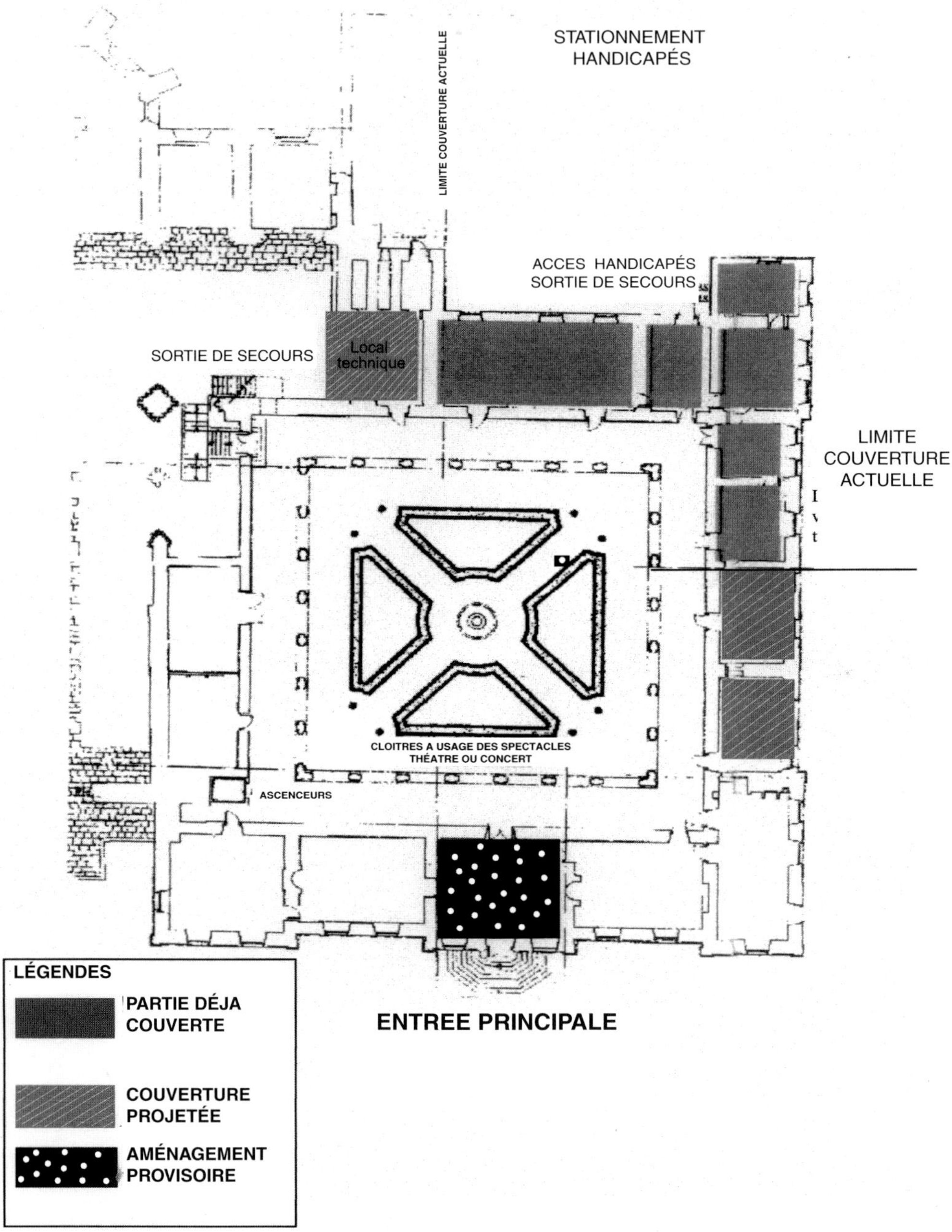

Les travaux de restauration (ordre chronologique)

Cloître vue ouest

Restitution des arcades sud-est du cloître.

Cloître avant la pose de la toiture.

Couverture sud-est du cloître.

Couverture du cloître.

Vue aile est avec toiture.

Vue toiture en ardoises
mordorées du pays.

Charpente du pavillon sud-est.

Couverture du pavillon sud-est.

Pavillon sud-est avec toiture et fenêtres.

Vue générale avec toiture (sud-est).

Vue générale avec toiture (sud).

Remerciements

Les Compagnons de l'abbaye N.-D. de Bon-Repos tiennent à exprimer leur reconnaissance à Charles Floquet pour la qualité de ses travaux historiques, pour le talent de sa narration et pour sa générosité.

Le sentiment de quelque frustration, que laisse l'étude d'une histoire de communauté religieuse est le leur, comme le sien et comme celui qu'un de ses prédécesseurs dans la recherche, le comte Henry de Warren, exprimerait si bien, précisément au chapitre de sa *Bretagne cistercienne* (Ed. St Wandrille, 1946) consacré à Bon-Repos :

« Comme en tous les cas analogues, une remarque s'impose : l'histoire monastique est un miroir très déformant, en ce sens qu'elle ne retient que les saintetés révélées au monde extérieur, cas rares en somme, et les relâchements, les blâmes des visiteurs canoniques, les scandales et les mesures de réforme. Il y aura cinquante pages sur une décadence d'un demi-siècle et trois pages suffiront largement pour constater trois ou quatre centaines d'années de vie régulière, mortifiée, héroïquement obscure peut-être. Le lecteur superficiel ne relèvera pas cette disproportion, se scandalisera de certains écarts, sans même soupçonner la somme considérable de vertus qui, jetées dans l'autre plateau de la balance, pèseraient brutalement de ce côté. »

L'association adresse également ses remerciements :

Aux éditions France-Empire, qui avaient publié les premiers travaux de M. Floquet sur ce sujet, inclus dans un ouvrage plus important (*Au Cœur de l'Argoat*, 1982),

A *Pontivy-Journal*, dans les colonnes duquel ce texte parut en chronique, au cours de l'année 1990, qui a bien voulu autoriser généreusement cette publication.

A M. Gilles Rihouay, qui a accepté de se charger de retracer brièvement l'important travail réalisé sur l'abbaye depuis 1986.

Sources

• Archives départementales des Côtes-d'Armor, Saint-Brieuc
• Dom Gui-Alexis Lobineau, *Histoire de Bretagne*, François Muguet, Paris, 1707 (2 tomes)
• Dom Hyacinthe Morice, *Mémoires pour servir de preuves à l'histoire ecclésiastique et civile de Bretagne*, Charles Osmont, Paris, 1742/1746 (3 tomes)
• Dom Hyacinthe Morice, *Histoire ecclésiastique et civile de Bretagne*, Delaguette, Paris, 1750
• Dom Charles Taillandier, *Histoire ecclésiastique et civile de Bretagne*, Delaguette, Paris, 1756
• Abbé Tresvaux, *L'Église de Bretagne*, 1839
• Cayot-Délandre, *Le Morbihan, son histoire et ses monuments*, A. Cauderan, Vannes, 1847
• Geslin de Bourgogne et A. de Barthélémy : *Les Anciens évêchés de Bretagne*, 1855-1879
• Léon Dubreuil, *La Vente des biens nationaux dans le département des Côtes-du-Nord (1790-1830)*, 1912
• Dom D. H. Cottineau, *Répertoire topo-bibliographique des abbayes et prieurés,* Protat, Macon, 1935

Bibliographie

• De La Paquerie, *L'Abbaye de Bon-Repos*, Tours, 1897
• André Lemoine (recteur de Saint-Gelven), *Histoire de Bon-Repos*, L'Écho des Labours, vers 1920
• F. Le Bour'his-Kerbiziet, *Une vieille abbaye en Cornouaille; Notre-Dame de Bon-Repos*, Librairie Le Goaziou, Quimper 1951
• Dom Bernard Péan, *Les Origines de l'abbaye de Bon-Repos (1184-1235)*, Les Presses bretonnes, Saint-Brieuc, 1958
• Geneviève Le Louarn, *L'Abbaye de Bon-Repos*, Les Presses Bretonnes, Saint-Brieuc, 1977
• Charles Floquet, *Au cœur de l'Argoat*, France-Empire, Paris, 1982
• Nicole Andrejewski : Notre-Dame de Bon-Repos, dans *Les Abbayes bretonnes* (ouvrage collectif), Biennale des abbayes, Rennes et Fayard, Paris, 1983
• François Moal, *Bon-Repos, une abbaye pour la paix*, Keltia Graphic éditions, Spézet, 1994
• Hervé du Halgouët, *La Vicomté de Rohan et ses seigneurs*, Champion, Paris, 1921
• Hervé du Halgouët, *Le Duché de Rohan et ses seigneurs*, Champion, Paris, 1925

Table des matières